DUMONT EXTRA

Gardasee

Barbara Schaefer

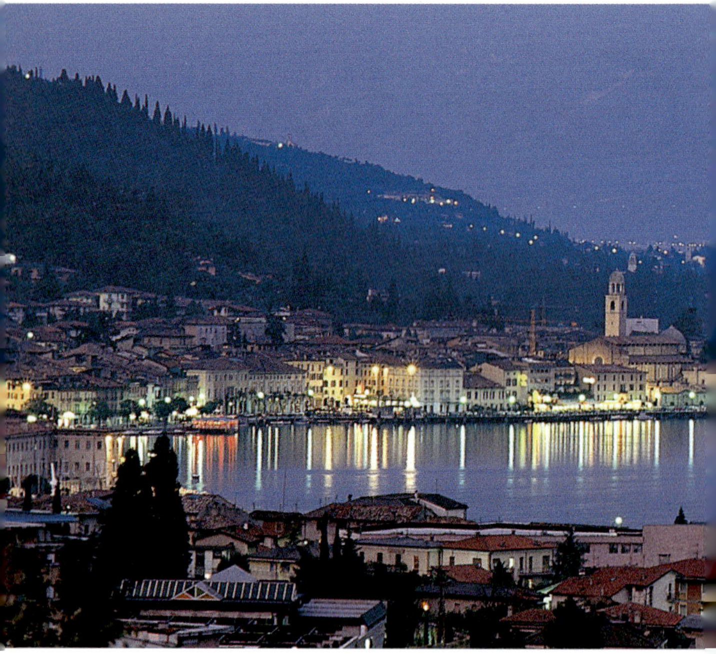

Inhalt

Benvenuti! *4*

Geschichte	*10*
Gut zu wissen!	*12*
Feste & Unterhaltung	*14*
Essen & Trinken	*16*
Sport & Freizeit	*18*
Sprachführer	*20*
Reise-Service	*22*

Orte von A–Z *28*
Verona *78*

Extra-Touren *82*

Extra-Tour 1 *84*
Auf den Spuren der
Dichter am Westufer

Extra-Tour 2 *86*
Von Gipfel zu Gipfel –
Wanderung auf dem
Monte Baldo

Extra-Tour 3 *88*
Zu Burgen und Schlössern
am nördlichen Seeufer

Extra-Tour 4 *90*
Olivenöl und Wein –
Eine Kulturgeschichte

Extra-Tour 5 *92*
Die Seen Ledro, Idro, Valvestino – Eine Rundreise

Impressum/Fotonachweis *94*
Register *95*

Benv

»Wie sehr wünschte ich meine Freunde einen Augenblick nebe[n] mich, dass sie sich der Aussicht freuen könnten, die vor mir liegt.[«] Schon Goethe gefiel es am Gardasee ausserordentlich gut, ih[m] folgten viele. Gabriele D'Annunzio richtete sich eine monströ[s] kitschige Villa ein, D. H. Lawrence schwärmte von Gargnano, die[-] sem einfachen, »gewöhnlichen, italienischen Dorf«, Bodo Kirch[-]

enuti!

off liebt eine Ecke des Westufers, die »von jeher für den Geist ihre
nziehung hatte«. Surfer rufen ›Ora et labora‹, wenn der Mittags-
ind ›Ora‹ sie auf den See lockt. Wanderer lieben den Monte
aldo, Kunstinteressierte die romanischen Kirchen San Zeno in Bar-
olino und Sant'Andrea in Maderno, Gourmets Trüffel und Garda-
ee Forelle, Kinder die flachen Strände, Liebespaare die (wenigen)

Gardasee
"Ein Meer im Gebirge"

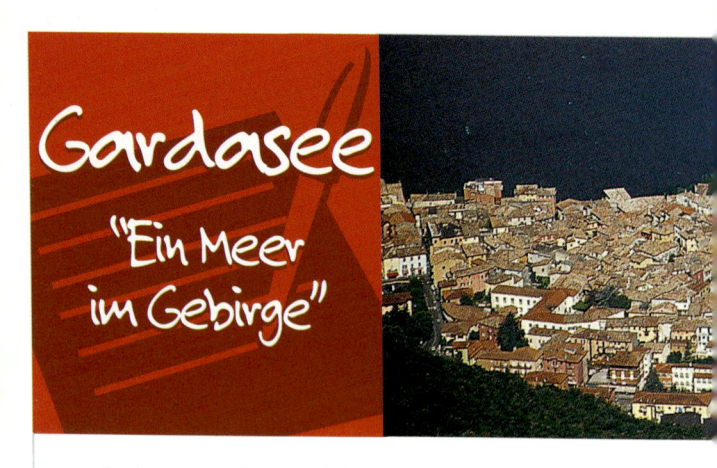

verschwiegenen Buchten und die Autorin den Winter in Gardone. Zu jeder Jahreszeit für jeden etwas, das kann der Gardasee anbieten. Nur im Hochsommer muss man ein bisschen länger danach suchen, weil so viele andere mitsuchen.

Gardasee! Bei Besuchern aus dem Norden sorgt schon der Name des oberitalienischen Sees für leuchtende Augen. Gründe dafür gibt es mehr als genug, es sind mindestens so viele, wie Dörfer am Ufer ihre ziegelroten Dächer in die Sonne recken. Am *Lago di Garda* werden dem Urlauber die unterschiedlichsten Bedürfnisse erfüllt, nicht zuletzt durch eine unglaubliche landschaftliche Vielfalt: Rund um den See ragen die Gipfel der Alpen bis in 2000 m Höhe hinauf. Das schmale Nordende liegt also noch im Gebirge, während sich das weite Südende schon in die Poebene öffnet.

Von Villen, Burgen und Kirchen

Auch im lautesten Sommertrubel kann man am See Inseln der Ruhe, der Stille finden: In den kleinen, steinalten Kirchen ist es schattig und kühl, Straßenlärm dringt nur noch als fernes Rauschen herein und mit Muße kann man sich der Kunstbetrachtung widmen. San Zeno und San Severo, die beiden romanischen Kirchen Bardolinos, sind solche Kleinode; Sant'Andrea in Maderno am gegenüberliegenden Ufer steht ihnen in nichts nach. Man kann sie als Zeichen dafür sehen, dass schon vor tausend Jahren die besondere, stille Atmosphäre der großen Wasserfläche zu innerer Einkehr und Höhenflügen in der Kunst inspirierte. Noch weitere tausend Jahre früher schwärmte der römische Dichter Gaius Valerius Catullus: »Oh herrliches Sirmione, Perle der Halbinsel und Inseln...« Die Grotten des Catull auf einem steil in den See abfallenden Hügel in Sirmione sind steingewordene Poesie, eine perfekte Harmonie von Landschaft und Architektur.

Doch nicht immer ging es am Gardasee friedlich zu; jahrhundertelang waren seine Ufer und Berge bitter umkämpfte Kriegsschauplätze. Die zahlreichen Burgen locken heute Besucher an; doch gerade sie sind der Beweis dafür, wie wichtig es im ausgehenden Mittelalter war, Macht auch

Benvenuti

Malcésine von oben: eine Perle vor dem tiefblau-glitzernden See

atkräftig zu untermauern. Vor allem die Skaliger, das tyrannische Herrschergeschlecht Della Scala aus Verona, errichteten wuchtige Burgen rund um den See. Später demonstrierten reiche Familien Macht und Besitz durch den Bau von prächtigen Villen mit weitläufigen Gärten. Bis dann Ende des 9. Jh. Louis Wimmer das erste Grandhotel in Gardone Riviera eröffnete und ein vornehmes Publikum am *Lago di Garda* ›Einzug‹ hielt. Doch als 1861 das *Risorgimento* die Einigung Italiens feierte und Vittorio Emanuele II. König wurde, gingen die Kriege noch immer weiter. 1866 lagen auf den Schlachtfeldern von Solferino Tausende von Toten, die Lombardei und Venetien gingen an Italien, Riva und Tórbole blieben österreichisch. Erst 1919, nach dem Ersten Weltkrieg, war schließlich der ganze Gardasee italienisch.

Ein Meer im Gebirge

Das südliche Gardasee-Ufer ist Kulturlandschaft. Hier findet man Terrassen mit Olivenbäumen, manche schon in römischer Zeit angelegt, viele aus der Zeit der mächtigen venezianischen Herrschaft; Weinstöcke überziehen die hügelige Endmoränenlandschaft. Doch im Norden ist der Gardasee wild, zu Land und zu Wasser: Die regelmäßigen Winde begeistern Surfer und Segler, die schnittig über das Binnengewässer flitzen. Die rauhen Berge, die den Gardasee überragen, lassen den Wanderer vergessen, dass er sich eigentlich in den Ausläufern der Alpen befindet. Oft begegnet er stundenlang keiner Menschenseele, und wenn er gar die markierten Wege verlässt, oder verpasst, findet er sich bald in undurchdringlichem Gesträuch oder düsteren Korkeichenwäldern wieder. Und wer einmal nicht mit der Seilbahn auf den Monte Baldo fährt, sondern lange lange zu Fuß hochsteigt, bekommt ein Bild des Gardasees, das mit der südlichen Prospekt-Schönheit nur noch entfernt verwandt ist. Gleiches gilt für eine Klettertour durch die scheinbar senkrechten Wände am Brescianer Ufer hinauf auf die Hochflächen von Tignale und Tremósine. Die Steige sind uralt: Vor dem Bau der Uferstraße zu Beginn des 20. Jh. waren sie oft der einzige Zugang

Manche suchen Geselligkeit mit Familie und Freunden...

der hochgelegenen Dörfer hinunter zum See. Noch steiler ist es im Sarcatal – aber da kommen nur noch echte Kletterer vorwärts. Diese sieht man zuhauf.

Hat das Segeln auf dem Gardasee Tradition – Zeugnis davon geben alte Aufnahmen mit den typischen Gardasee-Fischerbooten – so war das Fahrrad zumindest im Norden nie ein probates Verkehrsmittel. Dafür ist es einfach zu steil. Erst mit der Erfindung bergtauglicher Räder sind die Steigungen zu bewältigen; auf den Straßen sieht man heute viele Rennradfahrer – und im Wald Mountainbiker.

La dolce vita

Eine andere Gangart können Urlauber im Süden des Sees einschlagen. Die Badeorte der Veroneser Seite – Garda, Bardolino und Torri del Benaco etwa – verlocken zum *dolce far niente* schließlich ist auch das ›Süße Nichtstun‹ eine sehr italienische Angelegenheit!

Am Südufer, zwischen Peschiera und Salò locken lange Strände und große Campingplätze Familien an. Eine andere Art von Ruhe und Muße wird in Gardone und Gargnano gepflegt. Da wird mehr flaniert als gewandert, eher im Schatten ein Buch gelesen als ein Sonnenbad genommen. Gerade so, als ob die Atmosphäre der alten Grandhotels noch an die Zeiten erinnern wollte, als Damen lieber mit einem weißen Sonnenschirmchen aus dem Haus gingen, um nur ja nicht so braun zu werden wie die arbeitende Landbevölkerung.

Die größte Münchner Badewanne wird der Gardasee manchmal auch genannt. An verlängerten Sommerwochenenden scheint ganz München hier zu verweilen. Schließlich bekommt man so viel italienisches Lebensgefühl nirgends sonst so weit nördlich. Wer eine längere Anreise in Kauf nehmen muss, wird entschädigt. Wenn man die steile Straße vo

Benvenuti

... andere finden ihre Ruhe beim Angeln am See

Nago nach Tórbole herunterfährt, und der See sich in seiner ganzen Länge zeigt, im südlichen Licht flimmernd, da hat sich die Reise schon gelohnt. So romantisch eingestimmt kann man es sich am Gardasee richtig wohl sein lassen. Einige noble Hotels warten nur darauf, den Gast mit dem nötigen Kleingeld – in großen Scheinen... – zu verwöhnen: Suiten mit antiken Möbeln und weißen Verandatüren, Blick zum See von der Frühstücksterrasse und eigenem Bootssteg für die Segeljacht. Abends ein mehrgängiges Menü, dazu Spumante, Bardolino und Grappa. Aber auch mit kleinerer Urlaubskasse kann man es sich gut gehen lassen. Schnuckelige Frühstückspensionen machen mit familiärer Atmosphäre fehlenden Luxus wett. Ein Teller *pasta* mit einem Glas Rotwein, genossen auf der Terrasse einer Trattoria, kann mindestens so idyllisch sein wie ein Luxus-Diner. Zumal dann, wenn Grillen zirpen und der Wind mit den ledrigen Blättern der Olivenbäume raschelt.

ge:	Oberitalien, südlich der Alpen in 65 m Höhe; drei Provinzen teilen sich das Seeufer: Venetien im Osten, Brescia im Westen und Trentino im Norden.
che:	370 km^2; 52 km lang, 18 km breit, 364 m tief
chste Berge:	Monte Caplone (1977 m) und Monte Baldo (2218 m)
wohner:	mitsamt dem Umland ca. 160 000 Einwohner
ößte Orte:	Desenzano (22 500 Ew.), Riva (13 800 Ew.), Arco (12 000 Ew.)

Geschichte

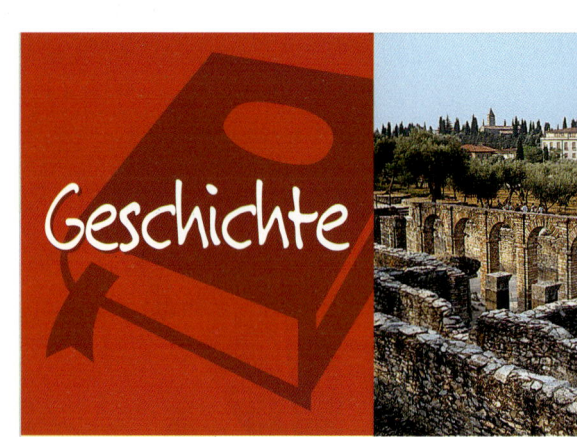

Grotten des Catull in Sirmione

Frühzeit	Pfahlbauten der Kelten, Räter und Veneter rund um den Gardasee legen Zeugnis einer frühen Besiedlung ab.
191 v. Chr.	Oberitalien wird römische Provinz (Gallia Cisalpina).
89 v. Chr.	Verona wird in den Status einer römischen Kolonie erhoben, die Bewohner der wichtigsten oberitalienischen Städte erhalten die römischen Bürgerrechte.
59–49 v. Chr.	Caius Julius Caesar ist Statthalter von Gallia Cisalpina; Verona entwickelt sich als bedeutendes Zentrum.
395 n. Chr.	Nach der Teilung des Römischen Reichs fällt Norditalien Westrom zu.
452	Die Truppen des Hunnenkönigs Attila verwüsten Verona.
476	Ende des Weströmischen Reichs; der germanische Heerführer Odoaker nennt sich ›König von Italien‹ und lässt sich in Ravenna nieder.
493	Theoderich der Große (Dietrich von Bern), König der Ostgoten, besiegt Odoaker.
568–774	Herrschaft der Langobarden in Oberitalien.
774	Karl der Große erobert das Langobardenreich Karls Sohn Pippin wird König von Italien.

Geschichte

bis 951	Karolingische Kaiser und Könige sowie einheimische Fürsten ringen um die Macht in Oberitalien.
952	Der Papst krönt den deutschen König Otto I. zum Kaiser; er gliedert die Region dem Herzogtum Bayern an.
1176	Kaiser Friedrich Barbarossa unterliegt der lombardischen Städteliga und muss 1183 ihre Autonomie anerkennen (Frieden von Konstanz).
1260–1387	Die kaisertreuen Scaligeri (Skaliger) herrschen in Verona, sie bauen am Gardasee zahlreiche Burgen.
1387–1405	Die Mailänder Visconti gewinnen die Herrschaft über Verona und somit auch über den Gardasee.
1405–1797	Venedig herrscht über das Ostufer des Gardasees.
1796	Napoleon erobert die Lombardei und Venetien.
1797	Frieden von Campoformio: Das westliche Gardasee-Ufer fällt an die von Napoleon gegründete Cisalpine Republik, das Ostufer und Verona gehen an Österreich.
1821–61	Zeit des *Risorgimento*, der Freiheitsbewegung zur Einigung Italiens. Österreich muss 1866 die Lombardei und Venetien dem 1861 gegründeten Königreich Italien abtreten. Das Trentino – und somit Riva und Tórbole – bleiben habsburgisch.
1919	Italien erhält nach dem Ersten Weltkrieg durch den Frieden von Saint-Germain Südtirol und das Trentino zurück.
1943–46	Der faschistische Diktator Mussolini zieht sich an den Gardasee zurück und gründet die *Repubblica di Salò*. Es folgen erbitterte Kämpfe zwischen Partisanen und Faschisten. 1946 wird in Italien die Republik proklamiert.
1977	Die Lombardei, Venetien und Südtirol-Trentino erhalten weitgehende Autonomie.
2000	Sirmione erhält den Umweltpreis ›Blaue Fahne Europa 2000‹ für das Projekt, die Müllabfuhr und andere öffentliche Fahrzeuge auf Elektromotoren umzustellen.

Gut zu wissen!

In der Wintersaison geht es am Gardasee ruhig zu

Autofahren: Die Uferstraße am See entlang, die *Gardesana orientale* und *occidentale,* ist traumhaft – aber leider kann das nur der Beifahrer genießen. Das Fahren dieser Strecke erfordert volle Aufmerksamkeit.

Briefmarken: Wer zusammen mit den Postkarten die Briefmarken erwerben will, hat meist Pech: Die gibt's nur bei der Post oder in den Tabakläden *(tabacchi).*

›Riviera Card‹

Gäste der Riviera degli Olivi, also des venetischen Gardasee-Ufers, bekommen bei ihrer Ankunft im Hotel die ›Riviera Card‹. Sie berechtigt zum ermäßigten Eintritt in einigen Vergnügungsparks und Museen und zu vergünstigten Linienschiff-Fahrten. Info: APT Garda, Tel. 04 56 27 03 84.

Essen gehen: Die Restaurantküchen servieren meist von 12–14 und 19–22 Uhr warmes Essen, im Hochsommer abends noch sehr viel länger. In besseren Restaurants sollte man nicht einfach auf einen Tisch zusteuern, sondern am Eingang warten, bis der Kellner an einen Tisch führt. Ohnehin empfiehlt sich gerade bei den feinen Adressen eine telefonische Platzreservierung. Die italienischen Gastronomen haben sich an deutsche Essenssitten gewöhnt – wer nur *pasta* bestellt, wird durchaus bedient, aber er bleibt ein Exot: Italiener essen immer mindestens drei Gänge, und Nudeln sind da nur ein Zwischengang. Für Italien-Neulinge: *pane e coperto* bedeutet ›Brot und Gedeck‹, es kostet zwischen 1500 und 8000 Itl. und wird automatisch berechnet. In der Hochsaison, d. h. im Juli und August, haben viele Gaststätter keinen Ruhetag.

Kleidung: An der Kleidung erkennt man am Gardasee Ausländer sofort: Italienerinnen stöckeln selbst bei Augusthitze noch adret

Gut zu wissen

gekleidet übers Altstadtpflaster, und die italienischen Herren der Schöpfung treten ebenfalls gut gekleidet auf – doch der deutschsprachige Urlauber trägt Sandalen, Shorts und Shirts, unisex und unisono. Wer sich also nicht sofort als Tourist outen möchte, sollte besser gekleidet zum Abendessen erscheinen.

Programminfo: Die deutschsprachige Gardasee-Zeitung erscheint monatlich und liegt gratis in den Zeitungskiosken aus. Sie enthält sowohl Veranstaltungstermine als auch Artikel zu Themen wie Geschichte, Weingüter oder Segelregatten. Ebenfalls monatlich erscheint ›Dipende‹, das in englischer und italienischer Sprache über Kulturtermine informiert. Internet: www.teletour.de/italien/gardasee/gardasee-zeitung

Reisezeit: Wer Gefallen daran findet, sich im Gedränge durch die Altstadtgassen schieben zu lassen, abends mit Hunderten von Gleichgesinnten an Strandpromenaden zu flanieren – der wird im August an den Gardasee fahren. Das Gefühl von Einsamkeit wird da kaum aufkommen.

Im Frühjahr, Frühsommer und im Herbst dagegen ist es am *lago* schon bzw. immer noch wärmer als jenseits der Alpen, aber man muss nicht anstehen, um ein Eis an der *gelateria* oder einen Sitzplatz im Straßencafé zu bekommen – und Hotelzimmer kosten bedeutend weniger!

Im Winter wird man vielleicht Schwierigkeiten haben, eine Übernachtungsmöglichkeit zu finden – die meisten Betriebe schließen von November bis April. Dafür kann man – etwa in Gardone und Fasano – dem Glanz der Zeit nachspüren, als der See noch ein Ziel für den Winterurlaub war.

Über eine Postkarte freuen sich die Zuhausegebliebenen

Sicherheit: Die Zeiten, als Italien noch gleichbedeutend mit Autoklau war, sind vorbei, jedenfalls in Oberitalien. Allerdings sieht man immer noch Italiener, die ihr Autoradio unterm Arm tragen. Teure Geräte sollten also alarmgeschützt oder ebenfalls ausbaufähig sein. Taschendiebe gibt es – wie überall auf der Welt – hauptsächlich im Gedränge.

Trinkgeld: Wenn das Essen gut war, und der Service zuvorkommend, dann sind Italiener großzügig – warum sollten Urlauber da zurückstehen? Ein 10-prozentiger Zuschlag auf die Gesamtrechnung sind eine gute Möglichkeit, sich erkenntlich zu zeigen. Und vielleicht bekommt man dann vom Kellner ein freundliches »*Arrivederci, alla prossima*« hinterhergerufen: ›Auf Wiedersehen und bis zum nächsten Mal‹.

Feste & Unterhaltung

Ein Feuerwerk am See ist ›doppelt‹ schön: Die schwarze Wasseroberfläche reflektiert die tausend Farben der Feuerwerkskörper wie ein Spiegel. Die Chance, ein solches Ereignis einmal bei einem Urlaub am Gardasee zu erleben, ist groß, viele Seeorte feiern so den Tag ihres Schutzheiligen.

Überhaupt: Die Gardesaner feiern gern, da wird jede Gelegenheit genutzt. Oft gehen die Feste auf alte Bräuche zurück. Da gibt es im März die *festa di mezza quaresima* in Limone: Zur Fastenhalbzeit werden fritierte Sardinen und Weißwein kredenzt. Das Ende der Erntezeit hingegen feiert Bardolino: Bei der *festa dell'uva* wird ausnahmsweise keinem christlichen Heiligen, sondern dem römischen Gott Bacchus gehuldigt: Wein in rauen Mengen.

Doch nicht immer geht es so laut-fröhlich zu, auch ernste Unterhaltung und hohe Kultur werden am Gardasee gepflegt. Im Theater des Vittoriale in Gardone finden Konzerte und Freiluftaufführungen statt, in Manerba treffen sich unter dem Motto *Armonie sotto la Rocca* Künstler zum Internationalen Sommer-Musikfestival, *Malcésine e l'Europa* heißen Sommerkonzerte und Theaterdarbietungen auf einer Freilichtbühne bei der Malcesiner Burg. Und beim *Musica Riva Festival* darf man sich auf Sommerkonzerte mit internationalen jungen Solisten freuen. Informationen bei den jeweiligen Fremdenverkehrsämtern.

Alljährliches Riesenspektakel: Aida in Verona

Feste & Unterhaltung

Die Notte di Fiaba in Riva

Als die Venezianer im 15. Jh. im Süden des Gardasees von den Visconti bedrängt wurden, ersannen sie einen kühnen Plan: Sie packten zwei Galeonen, sechs Galeeren und 26 Barken, ruderten die Etsch aufwärts, zogen die Flotte das Gebirge hinauf zum heute verlandeten Loppiosee hinter Nago und transportierten alles über die *Strada vecchia* und die *Via Santa Lucia* wieder hinunter nach Tórbole am Nordufer des Sees. 2000 Ochsen sollen dafür notwendig gewesen sein. Bei den anschließenden Seeschlachten besiegten die Venezianer tatsächlich die Visconti. Dieser unglaublichen Begebenheit gedenkt man in Riva im Juli und August mit Feuerwerken, Umzügen und Freilichtaufführungen, gekrönt durch die *Notte di Fiaba,* eine festliche Feuerwerksgala Ende August.

März
Limone: *Mezzaquaresima,* Volksfest zur ›halben Fastenzeit‹, zwischen Karneval und Ostern, mit Polenta, Fisch, Wein und Lotterie in der Altstadt (14.3.2001).

Karfreitag (13.4.2001)
Limone: nächtliche Lichterprozession durch die Altstadt.
Castelletto di Brenzone: *Via Crucis,* nächtliche Inszenierung des Kreuzwegs.

Mai
Bardolino: *Festa del Vino Chiaretto,* Weinfest.

Juni
Limone: *Festa popolare del lago,* kostenlos Weißwein und Gardaseefisch auf der Piazza Garibaldi.

Juli/August
Verona: Opernfestspiele in der Arena – das wohl berühmteste Opernfestival unter freiem Himmel findet in Verona statt. Ein Spektakel, das man sich einmal gönnen sollte.

September
Bogliaco: *Centomiglia,* ›Hundert Meilen‹, renommierteste Binnensegelregatta, Start im Jachthafen.

Oktober
Bardolino: *Festa dell'Uva,* Weinlesefest.

Feiertage
1. Jan.: *capo d'anno* (Neujahr)
6. Jan.: *epifania* (Dreikönigstag)
März: *pasqua* (Ostern)
25. April: *liberazione* (Tag der Befreiung vom Faschismus)
1. Mai: *festa del lavoro* (Tag der Arbeit)
15. Aug.: *ferragosto* (Mariä Himmelfahrt)
1. Nov.: *ogni santi* (Allerheiligen)
8. Dez.: *immacolata concezione* (Mariä Empfängnis)
25. Dez.: *natale* (Weihnachten)
26. Dez.: Santo Stefano (hl. Stefan).

Essen & Trinken

Welcher Käse darf's denn sein?

Restaurantkategorien:
3-Gänge-Menü für 1 Person incl. ein viertel Liter Wein: günstig: bis 40 000 Itl. (21 €, 40 DM); moderat: 40 000–70 000 Itl. (21–36 €, 40–71 DM); gehoben: ab 70 000 Itl. (36 €, 71 DM).

Der Gardasee gehört zu Venetien, zur Lombardei und zum Trentino – normalerweise wird das dem Urlauber nicht auffallen, aber wenn man auf die Speisekarte schaut, wird es offensichtlich. Vorausgesetzt natürlich, man bestellt nicht nur das *menù turistico*.

Die Spezialitäten variieren von Region zu Region. *Carne salata* (gepökeltes Rindfleisch) und *strangolapreti* (›Priesterwürgerl‹, Kartoffel-Spinat-Klößchen) serviert man im Trentino. Auch Steinpilzrisotto und Polenta, den deftigen Maisbrei, findet man eher im Norden, wo man einer alpinen Küchen verpflichtet ist. Im Süden hingegen wird es mediterraner: Meeresfisch und -früchte, viele Tomatengerichte, und natürlich *pasta* – Nudeln in unzähligen Varianten. Überall wird Fisch angeboten, sei es *lavarello*, Renke, *carpione*, die beliebte Gardasee-Forelle, oder *alborelle*, kleine fritierte Mittelmeersardinen.

Salat wird grundsätzlich ohne Dressing serviert, man bediene sich großzügig beim bekömmlichen Olivenöl, das dazu gebracht wird! Schließlich kommt es vermutlich von einem der Bäume, die hinter dem Gast auf der Terrasse den Hang hoch wachsen – oder jedenfalls von nicht viel weiter weg.

Die Mahlzeiten

Über das dürftige Frühstück im Hotel wird man nur meckern, wenn man sich nicht an italienische Essensgewohnheiten hält. Italiener speisen abends spät – je südlicher, desto später; sogar am Gardasee isst man erst zwischen 20 und 21 Uhr. *La cena* – das Abendessen mit Vorspeise, *primo*, *secondo* und *dolce* – zieht sich in die Länge, gegen Mitternacht erst schleckt man den letzten Löffel ab. Da stellt sich am nächsten Morgen zum Frühstück noch kein großer Appetit ein... Mittags mag sich leichtes Magenknurren melden, ein *tramezzino*, ein Sandwich, oder eine billige Pizza helfen da weiter. Nachmittags darf es dann ein Eis sein. Am frühen

Essen & Trinken

Abend sieht man Urlauber Speisekarten studieren, bevor die Entscheidung für ein Lokal getroffen wird. Dabei gilt als Regel: Je teurer ein Restaurant, desto dringender sollte man Plätze reservieren.

Wein

Noch ein Wort zum Wein: Natürlich bekommt man, vor allem in den Gourmettempeln, Weine aus ganz Italien. Die Weinsorten vom Gardasee-Gebiet sind aber auch nicht zu verachten. Am Westufer wächst der *chiaretto,* im Osten u. a. der *bardolino.* Im Trentino gibt es zwei herrlich schwere, vollmundige Rotweine, der *teroldego* und der *marzimino,* die über die Region hinaus praktisch nicht bekannt sind. Obwohl von letzterem sogar schon Mozart im Don Giovanni schwärmte: »*Versa il vino. Eccellente marzimino!*«

Kulinarisches Lexikon

aceto	Essig	*gnocchi*	Kartoffelteigklößchen
antipasto	Vorspeise		
acqua gassata	Mineralwasser mit Kohlensäure	*grappa*	Tresterschnaps
		lavarello (coregone)	Blaufelche, Renke
aglio	Knoblauch		
alborella (agola, aola)	Sardinen, meist fritiert	*lista dei vini*	Weinkarte
		luccio	Hecht
anguila	Aal	*maiale*	Schwein
anguria	Wassermelone	*manzo*	Rind
bicchiere	Glas	*olio*	Öl
bottiglia	Flasche	*orata*	Goldbarsch
bigoli	kurze Spaghetti	*pane*	Brot
bucatini	dicke Spaghetti-Art	*panino*	Brötchen
		pesce	Fisch
caffè	Espresso	*pesce di lago*	Süßwasserfisch
carne	Fleisch	*piatto*	Teller
contorno	Beilage	*piatto del giorno*	Tagesgericht
cotoletta alla milanese	Wiener Schnitzel	*polenta*	Maisbrei
		primo	Vorspeise
capretto	Zicklein	*sale*	Salz
carpa	Karpfen	*salumi*	Aufschnitt
carpione	Gardasee-Forelle	*secondo*	Hauptgericht
dolce	Süßspeise, Nachtisch	*strangolapreti*	Spinat-Gnocchi
		trota	Forelle
fagiano	Fasan	*tacchino*	Truthahn
fegato	Leber	*verdura*	Gemüse
ai ferri	vom Grill	*vino*	Wein
formaggio	Käse	*vitello*	Kalb
frutta	Obst	*zucca*	Kürbis
frutti di mare	Meeresfrüchte	*zuppa*	Suppe

Sport & Freizeit

Am Strand von Tórbole

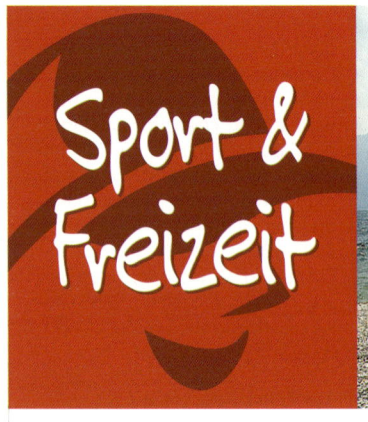

Baden und Strände

Der Gardasee ist der größte See Italiens und hat dementsprechend eine ganze Menge Strand. Am steilen Nordufer sind die schönsten Buchten für Bootsfahrer oder wagemutige Kletterer reserviert, so unzugänglich und wild zeigt sich dort der See. Im Süden, wo der Monte Baldo in die Poebene ausläuft, fällt das Ufer flach ab, so dass sich im unteren Drittel Strand an Strand reiht. Viele Strände sind öffentlich, man bezahlt keinen Eintritt, liegt dafür aber in der prallen Sonne mit dem Handtuch auf harten Kieselsteinen. Denn mit Sand ist der *lago* ebenso geizig wie mit schattenspendenden Uferbäumen! An manchen öffentlichen Stränden werden Liegestühle, Sonnenschirme und Kabinen vermietet. Richtig luxuriös wird es, wenn man genügend Eintritt bezahlt, wie etwa in der Baia delle Sirene bei der Punta San Vigilio. Am Parkplatz weist ein junger Mann die Autofahrer ein, Olivenbäume werfen erholsamen Schatten, und auch an Drinks mangelt es nicht.

1992 sorgte die erhebliche Verschmutzung des Sees für negative Schlagzeilen. Daraufhin wurde eine Ringkanalisation installiert, die Wasserqualität hat sich erheblich verbessert. Vor allem im Norden, wo der See auch sehr tief ist, ist das Wasser klar.

Tauchen

In einigen Orten am Gardasee gibt es Tauchschulen, die sowohl Kurse als auch Ausflüge veranstalten. Auf dem ganzen See sind, um Unfälle zu vermeiden, Signalboje und Mutterschiff vorgeschrieben!

Wandern, Klettern und Radfahren

Die Berge um den See sind einfach zu schön, um tagelang nur am Strand zu liegen. Das umfangreiche und gut markierte Netz von Wanderwegen lädt zum Erkunden der Umgebung ein. Manche Touren sind gemütlich als Spaziergang zu bewältigen, andere erfordern eine gute Kondition. Für erfahrene Bergsteiger stehen im Sarcatal nördlich von Riva Klettersteige zur Auswahl. Sportkletterer fühlen sich ohnehin schon lange

Sport & Freizeit

an den senkrechten Wänden im Norden des Sees zuhause.

Sogar in Zeiten, in denen am Strand zwischen den Handtüchern nur noch handbreit Platz ist, kann man stundenlang wandern, ohne einem Menschen zu begegnen. Das gilt natürlich nicht für die bekannteste Tour: die Kammwanderung auf dem Monte Baldo. Aber auch wenn man dort oben – dank der Seilbahn von Malcésine – kaum je allein unterwegs sein wird, der Ausblick auf den 2000 m tiefer liegenden, blau glänzenden See ist einfach fantastisch.

Seit es Mountainbikes gibt, ist die Region ein beliebtes Revier der Radsportler geworden. Im Norden braucht man wegen der Höhenunterschiede eine recht gute Kondition. Im Süden kann man dagegen gemütlich radeln, in dem flachen Gelände genügen einfachere Fahrräder. Seit 2000 gilt Helmpflicht für Radfahrer in Italien.

Wandern, Klettern, Bergsteigen, Canyoning, Mountainbiken, Skifahren und Wasserfallklettern – Bergsport jeder Art leiten und begleiten die staatlich geprüften Bergführer von alpinando (Tel. 03 65 52 19 45) und Guide Alpine (Tel. 04 64 51 98 05).

Wassersport

Wassersport ist am Gardasee praktisch gleichzusetzen mit Surfen. Wer in Tórbole, dem italienischen Mekka dieser Sportart, ohne Brett anreist, fällt direkt auf. Dennoch ist die große Surfwelle etwas abgeebbt, dafür gewinnt der Segelsport zunehmend Freunde. Viele Surfschulen bieten mittlerweile auch Segel- oder Katamaran-Kurse an. Genaugenommen hat das Segeln auf dem See auch die längere Tradition. Eine der berühmtesten Regatten wird hier ausgetragen: Bei der *Millemiglia* misst sich jedes Jahr im September die Weltelite. Und das ist auch für Nicht-Segler schön anzusehn!

Beim Radfahren sind kleine Pausen wichtig...

Sprachführer

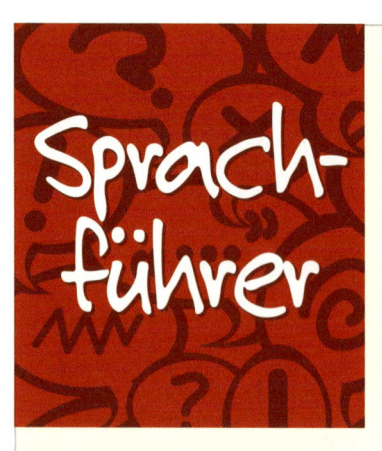

Zahlen ab 0

0	zero	19	dicianove
1	uno	20	venti
2	due	30	trenta
3	tre	40	quaranta
4	quattro	50	cinquanta
5	cinque	60	sessanta
6	sei	70	settanta
7	sette	80	ottanta
8	otto	90	novanta
9	nove	100	cento
10	dieci	101	cent(o)uno
11	undici	200	duecento
12	dodici	300	trecento
13	tredici	400	quattrocento
14	quattordici	500	cinquecento
15	quindici	600	seicento
16	sedici	700	settecento
17	diciasette	800	ottocento
18	diciotto	900	novecento

Zahlen von 1000–1 Mrd.

1000	mille
2000	duemila
3000	tremila
10 000	diecimila
100 000	centomila
1 000 000	un milione
1 000 000 000	un miliardo

Zeit

Montag	lunedì
Dienstag	martedì
Mittwoch	mercoledì
Donnerstag	giovedì
Freitag	venerdì
Samstag	sabato
Sonntag	domenica
Feiertag	(giorno) festivo
Minute	minuto
Stunde	ora
Tag	giorno
Woche	settimana
Monat	mese
Jahr	anno
Frühling	primavera
Sommer	estate
Herbst	autunno
Winter	inverno
heute	oggi
gestern	ieri
vorgestern	l'altro ieri
morgen	domani
übermorgen	dopo domani
morgens	di mattina
mittags	di mezzogiorno
nachmittags	di pomeriggio
abends	di sera
nachts	di notte
vor/nach	prima di/dopo
früh/spät	presto/tardi

Allgemeines

Ciao!	Hallo! (auch Adieu)
Guten Morgen/ Guten Tag	buon giorno
Guten Tag	buon giorno
Guten Abend	buona sera
Gute Nacht	buona notte
Auf Wiedersehen	arrivederci
bitte	prego/per favore
danke	grazie
Entschuldigung	scusi
Vorsicht	attenzione
links	sinistra
rechts	destra
geradeaus	diretto

Einkaufen

Ausverkauf	saldi
Geschäft	negozio
Kleidung	vestiti

Sprachführer

Die wichtigsten Sätze

Wie geht es Ihnen/dir?	Come sta/stai?
Bis bald!	A presto!
Sprechen Sie Deutsch/Englisch?	Parla tedesco/inglese?
Haben Sie ein Einzel-/Doppel-zimmer frei?	C'è una camera singola/doppia?
Ich möchte ein Zimmer/einen Tisch/einen Platz reservieren.	Vorrei riservare una camera/un tavolo/un posto.
Was kostet es?	Quanto costa?
Die Rechnung, bitte.	Il conto, per favore.
Der Fernseher funktioniert nicht.	Il televisore non funziona.
Wo ist die Straße/der Platz …?	Dov'è la via/la piazza …?
Wo ist eine Apotheke/das Krankenhaus/das Hotel/die Bushaltestelle/der Bahnhof?	Dov'è una famarcia/l'ospedale/l'albergo/la fermata/la stazione?
Wo finde ich ein Telefon/eine Post/ein Taxi?	Dove posso trovare un telefono/una posta/un taxi?
Wo kann ich Zigaretten/Briefmarken/Fahrscheine kaufen?	Dove posso trovare sigarette/francobolli/biglietti?
Wie spät ist es?	Che ora è?

Kleidergröße	misura
Kreditkarte	carta di credito
Quittung	ricevuta
Rabatt	sconto
Schuhe	scarpe

Notfälle

Apotheke	farmacia
Arzt	medico
Erste Hilfe	pronto soccorso
Fieber	febbre
Krankenhaus	ospedale
Krankenwagen	ambulanza
Notfall	situazione di emergenza
Schmerzen	dolori
Unfall	incidente
Wunde	ferita
Zahnarzt	dentista

Post

Adresse	indirizzo
Brief	lettera
Briefkasten	buca delle lettere
Briefmarke	francobollo
Postamt	ufficio postale
Postkarte	cartolina
Telefon	telefono
Telefonbuch	elenco telefonico
Telefonkarte	scheda telefonica

Unterkunft

Abfahrt	partenza
Ankunft	arrivo
Aufzug	ascensore
Bett	il letto
Dusche	doccia
Einzelzimmer	camera singola
Doppelzimmer	camera doppia
mit/ohne Bad	con/senza bagno
Gepäck	bagagli
Handtücher	asciugamani
Pass	passaporto
Personalausweis	carta d'identità
Rechnung	il conto
Rezeption	recezione
Schlüssel	chiavi
Übernachtung	pernottamento

Reise-Service

Auskunft

...in Deutschland
Italienisches Fremdenverkehrsamt: Kaiserstr. 65, 60329 Frankfurt,
Tel. 069/23 74 10,
Fax 069/23 28 94.
Goethestr. 20, 80336 München,
Tel. 089/531317,
Fax 089/534527,
enit@t-online.de,
Infomaterial: Tel. 0190 79 90 90 (0,12 DM/3 Sek.);
Punto Trentino: Poccistr. 7, 80336 München,
Tel. 089/29 16 46 24,
Fax 089/29 16 46 25,
aptgarda@anthesi.com;

...in Österreich
Italienisches Fremdenverkehrsamt: Kärntnerring 4, 1010 Wien, Tel. 01/505 16 39 13, Fax 01/505 02 48;

...in der Schweiz
Italienisches Fremdenverkehrsamt: Uraniastr. 23, 8001 Zürich, Tel. 01/211 36 33, Fax 01/211 38 85, Infomaterial: Tel. 157 51 79 (2,13 sFr./Min.);

...in Italien
Informationsstelle für den gesamten Gardasee und sein Umland:
Comunità del Garda:
Garda Informa, PO Box 10, 25083 Gardone Riviera,
Tel. 03 65 29 04 11,
Fax 03 65 29 00 25.

Vor Ort: Überall am See bieten die Fremdenverkehrsämter z. T. hervorragendes Informationsmaterial an. Sehr gut sind die Broschüren des lombardischen Ufers, von Limone bis Sirmione, und die der Trentiner Orte Riva und Tórbole.

...im Internet
www.dumontverlag.de; www.lagodigarda.it; www.teletour.de/italien/gardasee; www.gardalake.it; www.ulysses.it; www.enit.it (Italienisches Fremdenverkehrsamt); www.provincia.tn.it/apt (Punto Trentino)

Klima und Reisezeit

Der Gardasee liegt an den östlichen Ausläufern der insubrischen Klimazone, so genannt nach der keltischen Insubrern, die die Region der oberitalienischen Seen besiedelten. Sie ist gekennzeichnet durch trocken-warmes Wetter. Auch im Winter sinkt das Thermometer auf Seehöhe kaum je unter den Gefrierpunkt. Eine ›Spezialität‹ sind die Winde, die sehr regelmäßig über den See fegen. Der Sover ist eine Tramontana, ein Nordwind, er lockt frühmorgens fortgeschrittene Surfer im Norden hinaus aufs Wasser. Gegen Mittag setzt die Ora, ein von Südost nach Nordwest blasender Wind, ein.

Der Gardasee hat das ganze Jahr Saison. Im Winter sind zwar viele Hotels geschlossen, dafür entfalten die alten Seebäder am Westufer aber noch einmal ihren dekadenten Jahrhundertwende-charme. Auf den Bergen schneit es, in der Poebene liegt zäher Nebel, und am Gardasee kann man in der Sonne promenieren. Das Frühjahr ist vermutlich die beste Reisezeit: Das milde Klima lädt zum Wandern und Spazierengehen ein, tapfere Surfer können sich bereits wieder aufs Wasser wagen. Die Hotelpreise sind deutlich günstiger (außer an Ostern

Reise-Service

und problemlos findet man eine Unterkunft.

Im Sommer kann es mächtig heiß werden, im August klettert die Quecksilbersäule gerne mal eine Woche lang auf 35 °C – wenngleich der Wind die Temperaturen erträglich macht. Allerdings scheint dann ganz Norditalien hier den Sommerurlaub zu verbringen. An August-Wochenenden wird der *Lago di Garda* zum Stausee: Kilometerlanges *stop and go* auf den Straßen und an den Stränden Haut an Haut.

Der Herbst ist die beste Zeit zum Wandern: Wochenlang stabiles Wetter ist keine Seltenheit, vom Gipfel des Monte Baldo sieht man dann von den Gletschern bis nach Verona.

Karten

Die italienischen Fremdenverkehrsämter in Deutschland halten kostenlos recht gutes Kartenmaterial bereit. Die Touristenbüros in den einzelnen Gemeinden vor Ort ergeben ebenfalls ordentliche Detailkarten und Stadtpläne.

Einreise

Bei der Einreise von Deutschen, Schweizern und Österreichern nach Italien genügt der gültige Personalausweis. Zollkontrollen sind selten, mittlerweile muss man an den Grenzen nicht einmal mehr anhalten und den Ausweis zeigen.

Zollbestimmungen: Innerhalb der EU wird bei ein- oder ausgeführten Waren für den Eigenbedarf kein Zoll mehr erhoben. Man kann also bis zu 90 l Wein und 1 l Spirituosen mit sich führen. Schweizer dürfen zollfrei 200 Zigaretten, 1 l Spirituosen und 2 l Wein mitnehmen.

Anreise

...mit dem Flugzeug

Der Flughafen in Verona Villafranca wird von Maschinen der Lufthansa und der Air Dolomiti angeflogen. Vom Flughafengebäude in Verona fährt man mit Bus oder Taxi zum Bahnhofsvorplatz; von dort starten die Busse an den Gardasee. Gut angebunden an das internationale Streckennetz ist auch der neue Flughafen *Gabriele d'Annunzio* von Brescia.

...mit der Bahn

Gute Bahnverbindungen über die Brennerstrecke nach Trento, Rovereto und Verona; Peschiera und Desenzano liegen an der Hauptstrecke Milano–Venezia.

...mit dem Auto

Es genügen der nationale Führerschein und die üblichen Kfz-Papiere. In der Regel fährt man, aus dem Norden kommend, über den Brenner entweder bis Trento und dann durch das wunderschöne Sarcatal nach Riva oder bis Rovereto und dann über Nago nach Tórbole. Wer in den Süden des Sees möchte, fährt auf der Autobahn weiter bis zur Abfahrt Affi und von dort nach Peschiera oder Richtung Garda. Achtung: Für die Durchreise durch die Schweiz benötigt man eine Autobahnvignette (ca. 50 DM).

Reise-Service

Unterwegs am Gardasee

...mit dem Auto

In den nördlichen Abschnitten gibt es vor allem am Westufer zahlreiche, z. T. unbeleuchtete Tunnel. Diese benutzen auch Radfahrer – meist ohne Licht. Entgegenkommende Lkw und Busse fahren manchmal in der Mitte der Fahrbahn, um die volle Höhe des Tunnels auszunutzen. Im Süden des Sees herrscht oft starker Verkehr, in den Ortschaften gibt es häufig keine Fußgängerwege.

Wer sein Auto den ganzen Tag parken möchte, muss viel Kleingeld bereithalten. Es gibt fast nur bewirtschaftete **Parkplätze,** die Polizei verteilt rigoros Strafzettel, Parksünder werden sofort zur Kasse gebeten. Deshalb empfiehlt es sich, das Auto beim Hotel stehenzulassen und auf öffentliche Verkehrsmittel auszuweichen.

Mit der Viacard kann man die **Autobahngebühren** ohne die lästige Suche nach Münzen und ohne lange Wartezeiten bezahlen. Die Magnetkarte gibt es an der Grenze, bei Automobilclubs und an manchen Autobahnzahlstellen.

...mit dem Bus

Rund um den See verkehren Linienbusse, die Fahrpläne sind bei den Fremdenverkehrsämtern erhältlich. Weitere Informationen bei: **Azienda Provinciale Trasporti Verona,** Tel. 04 58 00 41 29 oder **Società Italiana Autoservizi,** Tel. 03 03 77 42 37. Fahrscheine müssen vor Antritt der Fahrt gelöst werden, es gibt sie in den *tabacchi.*

...mit dem Linienschiff

Schiffe sind nicht nur für Ausflugsfahrten gut, sie sind am Gardasee ein probates Verkehrsmittel! Die Autofähre Maderno–Torri del Benaco fährt tagsüber etwa stündlich. Außerdem verkehrt in der Hauptsaison eine Autofähre auf der Linie Desenzano, Torri, Limone, Riva. Die Hauptlinie der Passagierschiffe verbindet Desenzano mit Riva und steuert im Zickzack alle größeren Orte an (je nach Entfernung 2200–21 200 ltl).

Im August werden samstags nächtliche Kreuzfahrten veranstaltet. Fahrpläne liegen bei den Fremdenverkehrsämtern aus. Direkt an den Anlegestellen vorher Ticket lösen. Hauptsitz der **Navigazione Lago di Garda:** Piazza Matteotti 25015 Desenzano, Tel. 03 09 14 95 11, Fax 03 09 14 95 20.

...mit privaten Boottaxis

Limone? Limone? In den meisten Gardaseeorten bieten private Bootseigner ihre Dienste an. Preis unbedingt vorher aushandeln!

...mit dem Leihwagen

In den größeren Orten rund um den See gibt es Leihwagenfirmen *(autonoleggio),* internationale Anbieter sind ebenso vertreten wie lokale. Es empfiehlt sich, vor allem in der Hauptsaison, im voraus einen Wagen zu reservieren.

Unterkünfte

Jugendherbergen und Luxusvillen, Campingplätze und Ferien a

Reise-Service

dem Bauernhof, Apartments und private Zimmer, am Gardasee gibt es jede Art von Unterkünften. Grob lassen sich folgende Schwerpunkte aufzeigen: Im Norden überwiegen einfache Sporthotels, an der Ostküste (und in Limone) mittelgroße Hotelneubauten für Familien, an der Westküste alte Grandhotels und Luxusunterkünfte und im Süden unzählige Campingplätze. Aber natürlich gibt es auch in Riva Zeltplätze und in Garda Nobelhotels! **Garda-Informa** (Tel./Fax 03 65 29 04 00, www.gardainforma.com) gibt jedes Jahr einen aktuellen Hotelkatalog heraus, der in allen Fremdenverkehrsämtern verteilt wird.

Hotels

Von einfachen Hotels mit Etagenduschen bis zu Luxusetablissements wie der Locanda San Vigilio, die ganze Palette der Hotelkategorien ist vorhanden. Wenn Halbpension angeboten wird, ist diese oft nur um 10 000–20 000 ltl. teurer als die Übernachtung mit Frühstück. Seeblick kostet: Hotels direkt am Seeufer sind bei gleicher Kategorie meist etwas teurer als Häuser, die etwas zurückgesetzt liegen.

Camping

Wie bei den Hotels gibt es auch hier alle Kategorien. Von einfachen Plätzen, auf denen hauptsächlich nur Zelte stehen, bis zu Anlagen mit Tennisplätzen, Swimmingpool und jedwedem Komfort. Die größte Auswahl hat man im Valtènesi, der Hügellandschaft zwischen Desenzano und Salò, sowie zwischen Peschiera und Lazise.

Agriturismo

Urlaub auf dem Bauernhof auf italienische Art: einfache, oft familiäre Unterkünfte in den Weinbergen oder in den Olivenhainen. Serviert wird Hausmannskost aus eigenen Produkten – Olivenöl, Gemüse und natürlich Wein und Grappa. Diese Unterkunftsform ist meist sehr günstig und hat ein sehr gutes Preis-Leistungs-Verhältnis. Informationen bei den Fremdenverkehrsämtern.

Im Notfall

In Notfällen wendet man sich an den *pronto soccorso* (Erste Hilfe) oder die *guardia medica* (Notarzt). Apotheken heißen in Italien *farmacia* und sind mit einem grünen Kreuz gekennzeichnet. Die Notdienste werden im Schaufenster ausgehängt. Der Notruf ist gebührenfrei: Tel. 113.

Rollstuhlfahrer

Mit ihren engen, verwinkelten und holprigen Altstadtgassen sind die Ortschaften am Gardasee für Rollstuhlfahrer nicht besonders angenehm. Im Südteil, wo im flachen Gelände auch für Straßen mehr Platz ist, dürfte es zumindest etwas leichter vorangehen. Laut italienischem Gesetz müssen ohnehin alle öffentlichen Gebäude wie Museen und Ämter für Behinderte gut zugänglich sein. Manche Hotels sind behindertengerecht ausgestattet, wo das nicht der Fall ist, wird sich aber meist ein freundlicher Helfer finden.

Orte

Am fjordartigen Nordende des Gardasees windsurfen, am flache weiten Südende sonnenbaden und faulenzen, in Grandhotels vc vergangenen Epochen träumen oder auf Trattoriaterrassen wu dervolle Ausblicke genießen; auf Goethes Spuren wandeln, durc verwinkelte Altstadtgassen bummeln, steile Burgfelsen erklimme oder an großzügigen Seepromenaden flanieren – dieser Gardase

ns A-Z

hrer gibt Ihnen nützliche Tipps und ausgesuchte Adressen an
e Hand, damit Ihr Urlaub zum Erlebnis wird. Und wer rund um
en ›schönsten italienischen‹ See etwas Besonderes sehen möchte,
em seien die fünf Extra-Touren empfohlen. Der Gardasee in kom-
akter, überschaubarer Form, für alle, die viel entdecken und nichts
rpassen möchten.

Orte von A-Z

Alle interessanten Orte und ausgewählte touristische Highlights auf einen Blick – alphabetisch geordnet und anhand der Lage- bzw. Koordinatenangabe problemlos in der großen Extra-Karte zu finden.

Arco

Lage: H 1
Einwohner: 13 600
Extra-Tour 3: s. S. 88

Wer in Arco an einem Sommernachmittag auf der Terrasse des Café Trentino seinen Cappuccino trinkt, darf sich nicht daran stören, dass es nach Schweiß riecht. Grellbunt gekleidete Menschen sitzen hier: Mountainbiker. Wie ein Heuschreckenschwarm fallen sie am Nachmittag – am Ende ihrer Tagestouren – in den Ort ein. Auf der Piazza III. di Novembre stehen manchmal bis zu hundert Radler, die Helme in der Hand, die Trikots bedruckt als gälte es, Sponsoren zu betören. Das Mountainbike-Fieber ist schon die zweite Sportwelle, die über Arco hereinbricht. Vor gut 15 Jahren überrollten Sportkletterer, nicht weniger bunt gekleidet, den einstigen Kurort.

Arco teilt sich in zwei Stadtbezirke, seit über hundert Jahren. Die Altstadt drängt sich an den Burgfelsen; außerhalb der Ringmauer wuchs ab 1872 die Neustadt. Die Grafen von Arco hatten, nach Kämpfen mit den Grafen von Tirol, ihre Macht gesichert. Von allen Seiten weithin sichtbar thront die Burg auf einem Felsen, der wie ein Daumen aus der Landschaft ragt. Schon Albrecht Dürer hielt den Anblick fest, ein Aquarell von 1495 zeigt Burg und Ort. 1872 kommt ein Prinz und erweckt Arco aus dem mittelalterlichen Schlaf: Erzherzog Albert von Österreich, der Kusin des Kaisers, besucht das Städtchen im Südzipfel des Habsburgerreichs, ist angetan und baut sich eine Winterresidenz. In Arco beginnt die Neuzeit: 1885 wird das Sanatorium eingeweiht, 1891 mit der Bahnverbindung zur Brennerstrecke und der Elektrifizierung der Häuser vollends die Moderne eingeläutet.

Zwar ist die Bahn längst stillgelegt, doch hat Arco nichts von seiner Attraktivität verloren. Vor allem Aktivurlauber treffen sich hier, neben den Mountainbikern und Kletterern auch Wanderer, die im Sarcatal und im nördlichen Seegebiet schier unbegrenzte Möglichkeiten finden.

Burg Arco:
April–Sept. tgl. 10–19 Uhr, Okt.–März tgl. 10–16 Uhr. Nach jahrelangen Renovierungsarbeiten kann die Burg wieder be-

Orte von A bis Z **Arco**

- 👁 Sightseeing
- 🚫 Baden/Strände
- 🧢 Sport & Freizeit
- 🎿 Ausflüge
- ℹ Information
- 🏨 Hotels
- ⛺ Camping
- 🙏 Restaurants
- 🛍 Shopping
- 🍸 Nightlife
- 🎭 Feste
- 🔄 Verkehr

sichtigt werden, sogar die Fresken im Rittersaal. Schöner Spazierweg durch Olivenhaine.
Kollegiatskirche: Das monumentale Gebäude im palladianischen Stil zwischen 1613 und 1671 erbaut, gilt als eines der berühmtesten Bauwerke der späten Trentiner Renaissance.
Parco Arciducale: tgl. 9–20 Uhr; Eintritt frei.
Auf dem Gelände etwas außerhalb des Altstadtkerns ließ der Erzherzog an der Wende zum 20. Jh. viele exotische und seltene Bäume pflanzen.

Ufficio delle Guide alpine: Via Segantini 64, Tel./Fax 04 64 51 98 05.
Das Bergführerbüro veranstaltet Kletterkurse, Ausflüge, Wanderungen und Canyoning-Touren.
Moser Sport: Via Marconi, Tel. 04 64 51 62 51.
Der Ladenbesitzer kennt sich mit Rädern aus: Es handelt sich um den berühmten Radrennfahrer Francesco Moser, ehemals Landesbeauftragter für Tourismus im Trentino; Fahrradverleih.
Volo libero Alto Garda: Tel. 04 64 53 25 66, Treffpunkt nach telefonischer Vereinbarung.
Gleitschirmfliegerclub, Informationen zu den Fluggebieten.
Schwimmbad: in Prabi, Tel. 04 64 51 70 00, tgl. 9–19 Uhr. Im Juli und August Schwimmkurse.

Castel Toblino: zauberhaftes Wasserschloss, eine halbe Autostunde das schöne Sarcatal hinauf.

APT: Viale delle Palme 1, Tel. 04 64 53 22 55, aptgarda@anthesi.com; Mo–Sa 9–13, 15–18 Uhr.

Albergo Michelotti: Via Ere 23, Tel. 04 64 51 62 75, günstig.
Sehr schlichtes Hotel direkt unterhalb der Burg, nur Übernachtung und Frühstück.
Albergo Al Sole: Via Sant' Ana 35, Tel. 04 64 51 66 76, moderat.
Der Koch schätzt makrobiotische Verpflegung; Müesli-Frühstück.
Hotel Arco: Piazza Italia 13, Tel. 04 64 51 64 79, moderat.
Die Besitzerin, Baronessa Mathilde Altenburger, legt Wert auf den gepflegten Garten. Pool, unbedingt Zimmer zum Garten verlangen, an der Straße ist es sehr laut!

Arco

Orte von A bis Z

Rock Master

Jeden September findet in Arco der Internationale Free-Climbing-Wettkampf statt. Die Profisportler klettern an künstlichen Wänden, aus Gründen des Umweltschutzes.

Zoo Camping: nördlich außerhalb des Ortes, Tel. 04 64 51 62 32.
Bei Bergsteigern beliebter, einfacher Campingplatz. Von hier ist es nicht weit zu den ›Sonnenplatten‹, einem bekannten Klettergebiet im Sarcatal.

Cantina Marchetti: Piazza Marchetti, Tel. 04 64 51 62 33, Mo geschl., günstig.
Im schönen Innenhof in der Ortsmitte treffen sich Mountainbiker, Kletterer und Familien bei Pizza und Rotwein aus der Karaffe. Einheimische speisen eher im Saal unter Renaissancefresken.
La Lanterna: Località Prabi 30, Tel. 04 64 51 70 13, Di geschl., moderat.
Küchenchef Abramo beherrscht sein Metier.
Alla Lega: Via Vergolano 4, Tel. 04 64 51 62 05, Mi geschl., gehoben.
Im Sommer kann man im schönen Garten im Innenhof, bei kühlerem Wetter in den stimmungsvollen Innenräumen aus dem 16. Jh. speisen, Spezialität sind *Spaghetti con le molche,* Nudeln mit Olivenpaste.

Artevetro: Via Ferrera 23. Hübsche Glaswaren und Antiquitäten.

Erboristeria Arnica:
Via Mazzini 36.
Naturkosmetik, reiche Auswahl an Kräutern aus dem Trentino.
Gobbisport: Via Segantini 72. Alles, was Kletterer brauchen.
Panetteria Arena Giorgia:
Via Segantini 55.
Gut sortiertes, kleines Lebensmittelgeschäft.
Markt: Jeden ersten und dritten Mi des Monats zwischen Viale delle Monache und Via Pomerio.

Taxi: Tel. 04 64 51 64 30.
Busse von und nach Riva. Die nächstgelegene **Autobahnauffahrt Rovereto** ist 22 km entfernt.

Bardolino

Lage: E 9/10
Einwohner: 6200
Extra-Tour 4: s. S. 91

Bardolino liegt am südlichen Ostufer des Gardasees, an der *Riviera degli Olivi*. Pfahlbaufunde im Vorort Cisano belegen, dass diese Region schon in der Bronzezeit besiedelt war. Die Römer legten hier eine Stadt an, im Mittelalter war Bardolino für eine kurze Zeit eine freie Gemeinde, dann folgten als Herrscher die Skaliger. Die Altstadt ist relativ groß, die Läden haben bis spät in den Abend hinein geöffnet, so dass sich noch vor und nach dem Abendessen – zumindest in der Hauptsaison – Menschenmassen durch die breiten Gassen wälzen. Wer einen ruhigen Urlaub verbringen möchte, sucht sich eine andere Ecke aus.

Piazza Matteotti: Der zentrale Platz ist eigentlich eine erweiterte, kurze Straße, die gera-

Orte von A bis Z — **Bardolino**

dewegs von der Pfarrkirche Santi Nicolo e Severo auf den Hafen zuführt. Beliebtester Treffpunkt der Einheimischen und der Besucher.

San Severo: Tagsüber durchgehend geöffnet. Die Kirche liegt heute an der Durchfahrtsstraße. Der harmonische romanische Bau birgt noch eine Krypta aus dem 8. Jh. sowie Fresken aus der ersten Häfte des 12. Jh.

San Zeno: Tagsüber durchgehend geöffnet. Die unscheinbare, aber bedeutende Kirche liegt, von Neubauten umgeben, in einem kleinen Hof auf der Hangseite der Durchgangsstraße. Sie stammt aus dem 9. Jh. und zählt zu den ältesten Kirchen Italiens. In dem schmalen, hohen Raum auf kreuzförmigem Grundriss fallen sechs überdimensionierte Säulen mit großen Kapitellen auf.

Museen

Olivenölmuseum: Cisano, direkt an der Gardesana, Tel. 04 56 22 90 47, Mo–Sa 8.30–12.30, 15–19, So 9–12 Uhr, Mi nachmittags geschl.
Ein interessantes Video erklärt die Herstellung von Olivenöl, alte Gerätschaften sind ausgestellt.

Weinmuseum: Bardolino, Via Costabella 9, Tel. 04 57 21 00 22, So–Fr 8–12, 14–18, Sa 9–12 Uhr. Alte Weinpressen und Abfüllanlagen demonstrieren die Weinherstellung, Weinverkauf.

Bardolino–Garda: Langer Strandbereich, zu Fuß auf der Seepromenade zu erreichen, teilweise fällt das Ufer sehr steil ins Wasser ab; Eintritt frei.

Cisano: Schattenloser Felsstrand mit Picknickplätzen auf dem Grünstreifen der Strandpromenade.

Punta Cornicello: Kleiner, freier Kiesstrand nahe am Zentrum von Bardolino (Via Ugo Foscolo), mit Kinderspielplatz.

Riovalli Parcoacquatico (F 10): Località Fosse, Cavaion Veronese, Tel. 04 57 23 50 43 (Information),

◀ **Eine der ältesten Kirchen Italiens: San Zeno in Bardolino**

Bardolino

Orte von A bis Z

tgl. 10–19 Uhr, Eintritt
Erw. 16 000 ltl., Ki. 8000 ltl.
Ein Wasserpark nahe Affi an der Schnellstraße.

Herbert Pnatscher:
Tel. 03 36 40 44 53, Treffpunkt nach telef. Vereinbarung. Wasserski und Parasailing.

Calmasino (F 10): Nach einer einstündigen Wanderung durch Weinberge und Olivenhaine – im milden Gardasee-Klima wachsen die nördlichsten Olivenbäume Europas – erreicht man Calmasino.
Strada del Vino: Gut ausgeschilderte Rundfahrt durch die Weinberge, von Bardolino über Albaré, Pastrengo, Castelnuovo, Cavalcaselle, Pacengo, Lazise nach Calmasino. 44 Weinbauern und Verkaufsstellen werden unterwegs gestreift.

APT: P.le Aldo Moro 8,
Tel. 04 57 21 00 78,
Fax 04 57 21 08 72,
Mo–Sa 9–13, 15–18 Uhr.

Catullo: Lungolago Lenotti 8, Tel. 04 57 21 00 08, Fax 04 56 21 25 76, moderat.
Nicht sehr gemütliches Hotel, das aber sehr schön direkt an der Seepromenade von Bardolino liegt. Im alten, windschiefen Turm daneben gibt es leider keine Zimmer.
4 Stagioni: Via Dante Alighieri 10,
Tel. 04 57 21 00 36,
Fax 04 57 21 10 17, moderat.
Hinter der nüchternen Fassade des Hotels verbirgt sich ein kleiner Garten mit Poolanlage, mitten im Zentrum.
Kriss: Lungolago Cipriani 3,
Tel. 04 56 21 24 33, Fax 04 57 21 02 42, www.lakegarda.com/kriss.htm, kriss@kriss.it.

Familie Lonardelli führt das Hotel direkt an der Seepromenade schon seit drei Generationen. Fast alle Zimmer und die zwei Apartments haben Balkone zur Seeseite.
Montefelice:
Via Montavoletta 11,
Tel. 04 57 21 19 51, moderat.
Die nette Apartmentanlage liegt oberhalb des Ortes zwischen Weinbergen und Olivenhainen. Ruhig – außer am Wochenende, wenn die hauseigene Disco Hollywood Nachtschwärmer aus der ganzen Region anlockt.
Villa d'Oro: Cisano,
Via Peschiera 2,
Tel. 04 57 21 00 67,
Fax 04 57 21 10 91, moderat.
Zur einen Seite liegt der große Bau etwas laut zur Straße hin, dafür geht die andere Hälfte direkt zum See. Hotelgäste haben freien Eintritt zum nahegelegenen Seepark mit großem Pool und Liegewiese.
Parc Hotel Gritti: Lungolago Cipriani, Tel. 04 56 21 03 33,
Fax 04 56 21 03 13,
parchotels@tqs.it, teuer.
Neue Hotelanlage direkt am See, mit großem Pool, klimatisierten Zimmern, Privatstrand und erst 1998 eröffnetem Beauty Center.

La Rocca: zwischen Garda und Bardolino,
Tel. 04 57 21 11 11,
Fax 04 57 21 13 00, Mai–Sept.
Am See, 50-m-Schwimmbecken.
Serenella: zwischen Garda und Bardolino, Tel. 04 57 21 13 33,
Fax 04 57 21 15 52; am See.

La Dirlindana:
Via Memeli 5,
Tel. 04 57 21 01 20, günstig.
Hier wird fast ausschließlich Fisch serviert, bei Einheimischen beliebt
Pizzeria Cristallo:
Lungolago Cipriani, günstig.

Orte von A bis Z **Brenzone**

Die Kellner balancieren riesige Tabletts über die Straße, tagsüber mit überdimensionalen Eisbechern, abends mit Pizzen bedeckt.
Pizzica Cì: Cisano,
Via Peschiera 34,
Tel. 04 56 21 09 78, günstig.
Pizza vom Blech in allen Größen, für den kleinen Hunger zwischendurch. Die Pizzen werden auch geliefert, Anruf genügt.
Aurora: Piazzetta San Severo,
Tel. 04 57 21 00 38, moderat.
Drinnen sitzt man im gediegenen Ambiente, bei schönem Wetter kann man es sich auf der Terrasse bei Kerzenlicht gemütlich machen.
Il Giardino delle Esperidi:
Via Mameli, Tel. 04 56 21 04 77,
Mo geschl., gehoben.
Restaurant in der Altstadt, sowohl drinnen als auch an den Tischen draußen ein ruhiges Eckchen im Trubel, idyllisch.
La Loggia Rambaldi:
Piazza Principe Amadeo 7,
Tel. 04 56 21 00 91, gehoben.
Isst man draußen, sitzt man am See und im Abendrot. Noch schöner ist es drinnen, der Palazzo aus dem 17. Jh. bietet einen Säulensaal als Speisezimmer.

Augusta: Via Borgo Garibaldi; kleiner Klamottenladen, schick, aber nicht zu teuer.
Markt: Jeden Do in der Altstadt nahe am Hafen.

Hollywood:
Via Montavoletta 11.
Das derzeit angesagteste Nachtlokal der Region, oberhalb des Ortes; viele schöne, schwarz gekleidete junge Menschen.

Eventi: Gemeinschaftsprogramm mehrerer Fremdenverkehrsämter des Veneto und der Provinz Verona, Konzerte internationaler Stars (Information: Tel. 045 59 52 16).
Festa del Vino Chiaretto: Straßenfest im Mai.
Arte: Piazza Matteotti, Kunstausstellungen im August.
Festa dell'Uva: Weinlesefest im Oktober.

Taxi: Tel. 04 57 21 03 50.
Der **Linienbus,** der entlang dem See fährt, hält am Busbahnhof an der Kreuzung Via Marcone/Via Croce.
Die Anlegestelle der **Linienschiffe** befindet sich mitten in der Altstadt bei der Piazza Matteotti, nahe der Fußgängerzone.

Eisspezialitäten

**In der Gelateria Zoldana bietet die Familie Monego seit vier Generationen leckeres Eis aus eigener Herstellung an.
(Cisano, Piazza Porto 4)**

Brenzone

Lage: F 5
Einwohner: 2300
Extra-Tour 4: s. S. 90

Die Streusiedlung Brenzone entstand aus dem Zusammenschluss mehrerer kleiner Dörfer zwischen Garda und Malcésine. Längs der Küste reihen sich Castelletto, Magugnano mit dem Rathaus, Porto Brenzone und Assenza. Am Hang zählen dazu Biasa, Fasor, Marniga, Campo, Venzo, Boccino, Castello, Zignago, Borago Pozzo und Sommavilla. In Prada und Costabella

Brenzone

Orte von A bis Z

transportieren Liftanlagen Besucher auf den Monte Baldo hinauf.

Die Dörfer am Hang wurden in dieser Lage gebaut, um besser verteidigt werden zu können. So auch Castello, das in alten Dokumenten als Castellbrenzone erwähnt wird. Als der Frankenkönig Berengar 899 die Bewehrung der Burgen um den Gardasee anordnete, wurde Castello ausgebaut. Heute ist von der Burg nichts mehr zu sehen.

In Marniga steht in der Ortsmitte oberhalb der *Gardesana* die Statue des San Rocco mit kleinem Hund. Laut Legende erkrankte der hl. Rochus im 14. Jh. auf einer Pilgerfahrt an der Pest. Er zog sich zum Sterben in einen Stall zurück, doch ein Hund brachte ihm Brot. Schließlich fand ihn der Besitzer des Hundes und pflegte ihn gesund.

Schön ist es, in den kleinen Dörfern durch die alten Gassen zu schlendern, die sich den Hang zum See hinunterziehen. Hier sieht man oft tunnelartige Durchgänge, in denen die bis zu 8 m langen Leitern aufbewahrt werden, die bei der Olivenernte benutzt werden.

Ziegenherde in Castello

Sommavilla (F 5): In der nördlichsten Teilgemeinde von Brenzone beginnt ein gepflasterter Maultierpfad. Er ist Teil der Straße, die früher vom Gardasee bis nach Verona reichte.

Castello (F 5): Ein Naturlehrpfad führt von Castello zu einer Wegkapelle mit abgeblätterten Fresken und einem Sommerhaus (Informationsbroschüre beim Fremdenverkehrsamt).

Boccino (F 6): Ein steiler Pfad gleich nach dem Ortsschild steigt zu einer kleinen Kapelle von 1725 mit jüngeren Fresken hinauf.

Assenza (F 5): Kleiner Kies- und Sandstrand mit flachem Wasser nahe am Campingplatz Monja. Nördlich des Ortsteils bietet ein völlig schattenloser, freier Kiesstrand eine Bademöglichkeit.

Cassone (F 5): Südlich des Ortes kleine Badestrände, im Zentrum liegt man auf der Seepromenade.

Castelletto (F 6): Südlich und nördlich des Ortsteils breiten sich kleine Kiesstrände gänzlich ohne Schatten aus. Man badet direkt an der Mauer der Hauptstraße.

Porto di Brenzone (F 5): Südlich der ersten Hotels liegt ein breiter Kies- und Sandstrand, dank einiger Weiden ausreichend Schatten.

Cartoleria Da Ivana:
Via XX. Settembre 38,
Tel. 04 57 42 05 84.
Geführte Wandertouren auf den Monte Baldo mit deutschsprachiger Begleitung.

Orte von A bis Z **Desenzano**

HP Sports: Castelletto, Via Imbarcadero 27, Tel./Fax 04 57 43 07 07. Die Deutschen Andrea Voigt und Hans Peter Noll betreiben diese Segelschule mit Laden.

Monte Baldo: mit den Liftanlagen von Prada di San Zeno auf den Hausberg am Gardasee. (Juli–Sept. 8.30–17.30 Uhr, s. S. 86f.)

APT: Via Colombo 4, Tel. 04 57 42 00 76, Mo–Sa 9–13, 15–18 Uhr.

Caribe: Castelletto, Via Dante Alighieri 27, Tel. 04 56 59 90 20, Fax 04 57 43 02 64, günstig. Nur die *Gardesana* trennt das Hotel vom See; dafür gibt es praktischerweise eine Fußgängerunterführung.

Nettuno: Porto di Brenzone, Via Zanardelli 7, Tel. 04 57 42 00 83, Fax 04 57 42 06 65, günstig. Klassisches 1960er-Jahre-Hotel, einfach, gepflegt, Seeblick, Balkone, direkt am Strand. Für Badenixen und Wasserratten.

Villa Beatrice: Magugnano, Tel. 04 57 42 00 77, moderat. Kleines Hotel mit Apartments in der Ortsmitte. Für einen ruhigen Gardasee-Urlaub.

La Roche: Via XX. Settembre 52, Tel. 04 57 42 06 32, moderat. Kleines Hafen-Restaurant. Der Koch besteht auf einer kleinen, aber feinen Auswahl an Gerichten. Hausgemachte Nudeln, vor allem die Gnocchi sind ausgezeichnet.

Taverna del Capitano: Porto di Brenzone, Tel. 04 57 42 00 1 0, moderat.

Seit 30 Jahren betreibt die Familie Brighenti die Taverne. Frische Seefische nach alten Rezepten.

Cooperativa Uliveti Brenzone: Via Cà Romana 10, Tel. 04 56 59 00 02. Die Genossenschaft der Olivenbauern von Brenzone verkauft feines Olivenöl.

Antiquitätenmarkt: Magugnano, im Juli und August jeden Fr Abend.

Markt: Castelletto, jeden Di.

Fest des Hl. Michael: Prada, 29. Sept., mit Viehmarkt.

11. Juli: An diesem Tag veranstalten die Einheimischen eine Prozession durch die Dörfer von Brenzone. Vermutlich hat das Fest seinen Ursprung in einem Gelübde der Pestzeit.

Karfreitag: nächtliche Prozession von Castelletto aus.

Der **Linienbus** hält in Castelletto, Brenzone, Porto Brenzone und Assenza.

Desenzano

Lage: B/C 11/12
Einwohner: 22 000

Das Gebiet des heutigen Desenzano war nach dem Rückzug der eiszeitlichen Gletscher in Richtung Norden der erste bewohnbare Flecken am See, Funde bezeugen die frühe Besiedlung. Zu den interessantesten Ausgrabungsgegenständen gehört ein vollständig erhaltener Pflug aus Eichenholz. Auch ein spektakuläres Zeugnis aus der Römerzeit hat die Zeitläufte überdauert: eine Villa aus dem 3. Jh. mit Bodenmosaiken.

Desenzano

Orte von A bis Z

1426 fiel Desenzano an die Stadtrepublik Venedig, eine weitere Blüte setzte ein. Der Hafen war ein wichtiger Umschlagplatz für Waren. Güter aus den südlicheren Provinzen wurden hier verschifft und gelangten über Riva nach Mitteleuropa. Später fiel die Stadt dem Herrschaftsbereich von Brescia, also der Lombardei, zu. Heute ist Desenzano die bei weitem größte Stadt am See, auf seinen Straßen und in den autofreien Altstadtgassen geht es immer turbulent zu.

Santa Maria Maddalena: Die Pfarrkirche stammt aus dem 16. Jh. und birgt im Innern Gemälde von Zenone Veronese und Andrea Celesti. Berühmt ist ›Das letzte Abendmahl‹ von Gian Domenico Tiepolo (1696–1770).
Villa Romana: Via Crocefisso 22, Tel. 03 09 14 35 46, Di–So 8.30–19.30, Okt.–März bis 17 Uhr.
Mit den Ausgrabungen des etwa 1 ha großen Geländes, das sich heute mitten in der Altstadt befindet, wurde 1921 begonnen. Die Villa, ein prächtig ausgestatteter Gutshof, gilt als wichtigstes Zeugnis dieser Wohnform aus der Spätantike in Norditalien. Interessant sind u. a. die Bodenmosaiken sowie die Heizungsanlage, Hypokaustum genannt.

Porto di San Felice (B 9): Kiesstrand, flach.
Manerba (B 9): Pieve Vecchia, großer Kiesstrand, allerdings mit wenig Schatten.
Spiaggia della Rocca (C 9): großer, freier Kiesstrand nahe der Rocca di Manerba.
Moniga (B 10): freie Kies- und Felsstrände beiderseits des Ortes.
Lido di Padenghe (B 11): großer, freier Kies- und Sandstrand.
Lido di Lonato (B 11): freier Strand mit feinem Kies.
Spiaggia Comunale (B 11): sehr großer Kiesstrand nördlich von Desenzano.

Bikes Givelli: Tel. 03 09 11 97 97. Fahrrad-Verleih.

Rocca di Manerba (C 9): Eine 1-stündige Wanderung führt auf den 218 m hohen Felsen. Man startet in Montinelle, einer Teilgemeinde von Manerba, und folgt den Schildern zur ›Rocca‹. Von der Felskuppe hat man einen schönen Blick über die Isola di Garda, die größte Gardasee-Insel.
Cantine della Valtènesi della Lugana (B 10): Moniga del Garda, Via Pergola 21, Tel. 03 65 50 20 02, Fax 036 55 03 34 24.
In der Weinkellerei kann Wein gekostet und gekauft werden.
Lonato (A 12): Die hübsche Kleinstadt liegt auf den Moränenhügeln südwestlich von Desenzano. Der Dom San Giovanni Battista wurde von dem Lonater Architekten Paolo Sorattini im Barockstil erbaut. Die Stiftung Ugo da Como (Via Rocca 2, Sa und So 10–12, 14.30–19 Uhr) ist im ehemaligen Haus des *podestà*, des Bürgermeisters, untergebracht. Sie umfasst eine Bibliothek mit etwa 52 000 Bänden, 405 Inkunabeln, 470 Handschriften und Miniaturen. In der Burg von Lonato zeigt das Städtische Vogelkundemuseum 700 ausgestopfte Vögel. Die Sammlung entstand Anfang des 20. Jh. und zählt zu den bedeutendsten Italiens (Sa und So 10–12, 14.30–19 Uhr).
Solferino: 15 km südlich von Desenzano. 25 000 Tote und Verletzte lagen auf dem Schlachtfeld, als am 24. Juli 1859 die Österreiche-

Orte von A bis Z **Desenzano**

Vom Gardasee inspiriert – Maler am Hafen von Desenzano

die Schlacht gegen Italien und Napoleon verloren. Die Kirche San Pietro diente als Beinhaus. Der Schweizer Henri Dunant gründete nach diesen Erlebnissen das Rote Kreuz, ursprünglich eine Hilfsorganisation für Kriegsverletzte.

APT: Porto Vecchio 34,
Tel. 03 09 14 15 10,
Fax 03 09 81 17 43,
Mo–Sa 9–13, 15–18 Uhr.

Splendid Hotel Mayer: Piazza Ulisse Papa,
Tel. 03 09 14 22 53, günstig.
Das ehemalige Nobelhotel hat schon bessere Tage gesehen.
Azienda Agricola Spia d'Italia: Lonato, Via M. Cerutti 61,
Tel./Fax 03 09 13 02 33, moderat.
Im antiken Gutshaus stehen einige Apartments zur Verfügung. Man bekommt Einblick in Viehzucht und Weinbau, außerdem können Reitausflüge organisiert werden.
Azienda Agrituristica La Cavallina: S. Tomaso di Lonato,
Tel. 03 09 13 03 29, moderat.
Im großzügigen Pferdehof werden vier Wohnungen sowie Boxen für Pferde vermietet, Swimmingpool.
Feriendorf del Vo':
Via Vo' 4–9, Tel. 03 09 12 13 25,
Fax 03 09 12 07 73, moderat.
Das Feriendorf eignet sich besonders gut für Familien. Es liegt fast direkt am See, Kinderspielplatz und kleiner Pool vorhanden.
Tripoli: direkt am Hafen,
Tel. 03 09 14 13 05,
Fax 03 09 14 43 33, moderat.
Einfaches Hotel, Zimmer Nr. 15 hat einen kleinen Balkon zum See.

Vo': Via Vo' 4–9,
Tel. 03 09 12 13 25.
In direkter Nachbarschaft zum Feriendorf, s. o.
S. Francesco: Strada Vicinale S. Francesco, Tel. 03 09 11 02 45.
Italia: Via Zamboni,
Tel. 03 09 11 02 77.
Im **Valtènesi,** dem hügeligen Landstrich zwischen Desenzano und Salò, liegen die Campingplätze entlang dem Seeufer dicht an dicht. Informationsmaterial beim

37

Desenzano

Orte von A bis Z

Fremdenverkehrsamt in San Felice del Benaco (Piazza Municipio 1, Tel./Fax 03 65 62 54 1).

🍴 **Pasticceria del Master:** Fußgängerzone in der Altstadt, günstig.
Preiswerte Pizza vom Blech.
Vivi Café: Piazza Matteotti 15, günstig.
Pizza vom Blech, Getränke aus Dosen, Selbstbedienung – für den kleinen Hunger.
Osteria la Contrada: Via Bagatta 15, Mi geschl., moderat.
Remo, der Besitzer, legt Wert auf eine kleine Speisekarte mit wenigen Spezialitäten wie *baccalà* mit Polenta und hausgemachte *pasta*.
Alla Lepre: Via Bagatta 33, Tel. 03 09 14 23 13, Di geschl., gehoben.
Im ›Hasen‹ speist man gute Seeküche zu adäquaten Preisen. Hechtcarpaccio mit Olivenöl und Kapern ist eine der Spezialitäten.
Cavallino: Via Murachette 29, Tel. 03 09 12 02 17, gehoben.
Unter einer ausladenden Markise schlemmt man, was Gianfranco Dallai, Besitzer und Koch, täglich selbst auf den Märkten aussucht; seine exquisite Luxus-Küche ist somit jahreszeitentypisch und abwechslungsreich. Zu den raren Desert-Spezialitäten zählt *semifreddo* mit kandiertem Zedernsirup.

🛍 **Giancarlo:** Fußgängerzone. Modisches für Sie und Ihn.
Caterina Martinetti: Via G. A. Papa 40.
Taschen, italienische Modelle.
Ruffoni: Piazza Malvezzi 46.
Spezialitätenladen mit guter Käseauswahl.
Libreria Demetra: Piazza Matteotti 10.
Buchhandlung mit großer Reiseführer-Auswahl.

Antiquitätenmarkt: An jedem dritten So, außer im August, in der Altstadt.

🍷 Am See gilt Desenzano als Eldorado für Nachtschwärmer. Alle Läden in der Innenstadt haben bis spät in die Nacht geöffnet, vor allem junge Leute aus der Umgebung kommen abends hierher, um in den Straßen der **Altstadt** auf und ab zu schlendern.
Genux: an der Autobahnausfahrt Desenzano Richtung Süden.
Fünf Discos in einer; wirbt mit dem Slogan ›größte Disco der Welt‹, wilde Live-Shows – aber Do und So ist *liscio*, d. h. Walzer und Tango, angesagt.
Senso: Viale Dal Molin 66.
Disco-Club mit Poolbereich und Garten, für ruhigere Gemüter gibt es auch eine Pianobar.

🎭 **Armonie sotto la Rocca:** Internationales Sommer-Musikfestival in Manerba; Info unter: Pro Loco di Manerba, Via Risorgimento 1, Tel./Fax 03 65 55 11 21, www.kromia.it/manerba/festival.html

🔄 Am Bahnhof von Desenzano halten die meisten **Züge** der Strecke Mailand–Venedig; **Busverbindungen** nach Verona und rund um den See.

Garda

Lage: E 9
Einwohner: 3500

768 erhob Karl der Große Garda zur Grafschaft, von da an wurde der See nach diesem Ort benannt und nicht mehr wie zuvor Benacus. Auf der Rocca di Garda stand einst eine Burg, die zahl-

Orte von A bis Z **Garda**

reiche Legenden umranken: Berengar II. strebte Ende des 10 Jh. die Macht in Italien an. Königin Adelheid von Burgund, deren Mann, König Lothar, unter rätselhaften Umständen gestorben war, konnte ebenfalls Anspruch darauf erheben. Berengar beschloss deshalb, dass sein Sohn sie heiraten solle. Adelheid weigerte sich jedoch, was 950 ihre Gefangensetzung auf der Rocca zur Folge hatte. Der Überlieferung nach konnte Adelheid mit Hilfe eines Fischers und eines Mönchs nach Canossa fliehen; dort heiratete sie Otto I. von Deutschland, der Berengar ins Exil verbannte. Heute sind von der Rocca nur noch spärliche Ruinen übriggeblieben, dafür hat Garda eine hübsche Altstadt, die nahezu komplett autofrei ist. Im flachen Hinterland liegen zahlreiche Hotels, viele recht ruhig inmitten von Olivenhainen.

Villa Albertini: In der dunkelrot gestrichenen Villa mit markanten Türmen empfing am 10. Juni 1848 Carlo Alberto, König von Piemont und Sardinien, die Regierungsdelegation, die die Urkunde über den Anschluss der Lombardei an Piemont überbrachte.

Palazzo del Capitano della Serenissima: An der Piazza Catullo steht das Ratsgebäude aus dem 15. Jh., mit schönen venezianischen Fenstern, heute ist eine Bar darin untergebracht.

Santa Maria Maggiore: Die Pfarrkirche Gardas liegt an der Piazzale Roma. Sehenswert ist darin der Kreuzgang aus dem 14. Jh. Die Anlage liegt außerhalb der ursprünglichen Stadtmauern.

Nördlich von Garda: Entlang dem Seeufer zieht sich ein sehr langer, wenngleich schmaler Kiesstrand hin, zu Fuß vom Bootshafen aus zu erreichen. Eintritt frei, praktisch keine Parkplätze.

Baia delle Sirene (D 9): bei der Punta San Vigilio, Luxusbaden zum Luxuspreis: 12 000 ltl. Eintritt.
Richtung Torri del Benaco: freier Strand mit ziemlich vielen Felsen, Nudistengebiet.

Bikes-Scooter:
Via Dognocchi 38,
Tel. 04 57 25 65 00; Vespaverleih.
Equitazione ›Rossar‹:
Tel. 04 56 27 90 20.
Pferde mieten, auf Anruf wird ein Treffpunkt vereinbart.

Eremitage der Camaldolenser (E 9): Eine etwa einstündige Wanderung führt zu der Klosteranlage von 1673. Frauen müssen vor der Doppeltreppe Halt machen; Männern wird eine Führung gewährt. San Romualdo, der Gründer des Benediktiner-Ablegers der Camaldolenser, lebte von 925–1027. Er wurde mit 20 Jahren Mönch, reiste in den Vorderen Orient und missionierte in Russland und Polen.

San Vigilio (D 9): Die kleine Halbinsel nördlich von Garda kann in einem einstündigen Spaziergang entlang dem Ufer erreicht werden. 1540 ließ Agostino Brenzone dort eine Villa bauen, und beauftragte den berühmten Festungsbaumeister Michele Sanmicheli damit. Das Anwesen ist in Privatbesitz.

Santuario Madonna della Corona (G 7): Die Wallfahrtskirche im Etschtal liegt jenseits des Monte Baldo und ist mit dem Auto nach einer 45minütigen Fahrt über Costermano, Caprino und Spiazzi erreicht. Wer eine kleine Wanderung unternehmen möchte, kann von

39

Garda

Orte von A bis Z

Sehr praktisch: Liegen mit eingebautem Sonnenschutz

Brentino aus über die *Strada Santuario,* die mitten im Ort mit einer steilen Treppe beginnt, den Kirchenberg erklimmen. Der ausgetretene Weg (ca. 45 Min.) mit Hunderten von Stufen ist nie zu verfehlen. Wer nicht viel Zeit hat, kann von Spiazzi die Straße nur einige Kurven herunter bis zum Wallfahrtsziel auf 774 m gehen. Die Kirche um eine Madonna von 1522 klebt in einer Felsnische, sie stammt zum Großteil aus dem 16. Jh., die Fassade ist von 1899. Der Legende zufolge kam die Marienstatue zum Vorschein, als Rhodos unter türkische Herrschaft fiel. Die Wallfahrts-kirche ist das ganze Jahr täglich geöffnet.

APT: Via Don Gnocchi 23, Tel. 04 56 27 03 84, Fax 04 57 25 67 20, Mo–Sa 9–13, 15–18 Uhr.

Alessandra: Via Monte Baldo, Tel. 04 57 25 58 41, Fax 04 56 27 02 06, günstig.
Die kleine, moderne Frühstückspension liegt etwas außerhalb. Um den Pool stehen Olivenbäume. Von manchen Zimmern (Nr. 50, 52, 54) hat man einen schönen Blick auf die Bucht und die Rocca di Garda. Leider wird das Frühstück in einem ungemütlichen Raum im Keller serviert.

Albergo all'Ancora:
Via Manzoni 7,
Tel. 04 57 25 52 02, moderat.
Familie Monese betreibt das Hotel familiär. Die Speisekarte bietet einiges *alla casalinga,* nach ›Art der Hausfrau‹. Offensichtlich eine nahrhafte Küche: Im Lokal sind die Wände mit den Pokalen und Urkunden der sportlichen Söhne dekoriert: Mountainbike, Klettern und andere Sportarten mehr.

Giardinetto: Lungolago 28, Tel. 04 57 25 56 06, moderat.
Der Name Giardinetto – ›Gärtchen‹ – ist nicht wörtlich gemeint: Vor dem Hotel stehen lediglich ein paar Bäume und spenden der Terrasse Schatten. Ruhiges, modernes Haus an der Seepromenade.

Orte von A bis Z # **Garda**

Piccolo Hotel:
Piazza Catullo 11/12,
Tel. 04 57 25 52 56, moderat.
Das kleine Hotel liegt am historischen Hauptplatz von Garda und ist in einem alten Palazzo untergebracht.

Tre Corone:
Lungolago 29,
Tel. 04 57 25 53 36,
Fax 04 57 25 50 33, moderat
Das Hotel Tmit Tradition wurde schon 1860 als Poststation eröffnet, es war die erste Unterkunft am Südostufer.

Albergo San Vigilio:
Tel. 04 57 25 66 88,
Fax 04 57 25 65 51, Luxus.
Eine Nobelvilla aus dem 16. Jh., auf einer Landzunge nördlich des Ortes, Zufahrt über eine Allee mit 100-jährigen Zypressen und 1000-jährigen Olivenbäumen, Privathafen vor der Locanda, Liegestühle mit weißer Leinenbespannung, zwei Bars am Privatstrand.

Ai capitani: Piazza Catullo, günstig.
Gelateria und *birreria* in dem berühmten Palazzo dei Capitani, davor sitzt man auf einer Straßenterrasse und trinkt Eiscafé.

Trattoria La Val, Costermano, Tel. 04 57 20 01 88, günstig.
Restaurant mit sehr gutem Preis-Leistungs-Verhältnis in Costermano, etwas weiter weg vom See – und somit vom Trubel.

Agritur La Bottona: Costermano, Via 1. Maggio 18, moderat.
Wer sich nicht scheut, nach dem Essen noch nach Hause zu fahren, sollte diesen Restaurantausflug nach Costermano unternehmen.

Il Merlo: Lungolago Regina Adelaide, moderat.
Bar, Pizzeria und *ristorante* zugleich. Riesige frische Salate sind die Spezialität des Hauses!

Locanda San Vigilio: Località San Vigilio, Tel. 04 57 25 66 88, Fax 04 57 25 65 51, Di geschl., gehoben.
Eine der feinsten und teuersten Adressen am Gardasee. Unter roten Markisen sitzt man direkt am See und speist Spaghetti mit Hummer und Gardasee-Forelle. Unbedingt reservieren!

Center Music:
Via Spagna 31.
Im leicht gruftigen Laden gibt es CD's, aber auch indisch angehauchten Schmuck sowie allerlei Krimskrams.

MIC Top Leather:
Via XX. Settembre 43.
Riesige Auswahl an Lederjacken, günstig.

Grand'Affi Shopping Center:
Località Canove, in der Nähe der Autobahnausfahrt Affi.
Riesiges Shoppingcenter.

Markt: Jeden Fr in der Altstadt.

Enoteca alle calle:
Calle dei Sottoportici.
Im winzigen Lokal oder an zwei Tischchen im Freien kann man italienische Weine verköstigen, dazu gibt es kleine Happen.

Alljährlich im August wird in Garda der **Palio delle Contrade** abgehalten, ein Ruderwettbewerb mit den *bisse,* den traditionellen Ruderbooten des Gardasees.

Der **Linienbus,** der entlang dem See fährt, hält am Busbahnhof des Corso Italia in der Ortsmitte.
Die Anlegestelle der **Linienschiffe** befindet sich nahe der Villa Albertini.
Boottaxi: Tel. 04 57 25 50 64.

Gardone Riviera

Gardone Riviera

Lage: B 8
Einwohner: 2500
Extra-Tour 1: s. S. 85

Gardone Riviera liegt am Westufer des Gardasees, das Hinterland ist gerade noch gebirgig, jedoch lange nicht mehr so eng und steil aufragend wie im Norden. Das Jahrhundertwendeflair als mondäner Winterkurort konnte sich das Städtchen bis heute bewahren. Am See entlang reihen sich luxuriöse Villen, gekrönt von den beiden Grandhotels Fasano und Gardone. Im Sommer pulsiert das Leben an der Seepromenade, und im Schatten unter großen alten Bäumen in den Parks und Gärten kann man die wundervolle Aussicht auf den See genießen. Nicht zuletzt wegen des Vittoriale degli Italiani, der exzentrischen Behausung des Dichters und Dandys Gabriele D'Annunzio, verströmt Gardone vor allem in den Wintermonaten eine morbide Atmosphäre.

Seepromenade: Wie nur wenige Orte am See hat Gardone einen völlig autofreien *Lungolago*, er ist auf Stelzen ins Wasser gebaut. Natürlich reiht sich dort ein Café ans andere, man sitzt in Ruhe und trinkt Cappuccino und *cedrata,* Limonenlimonade, oder schleckt ein Eis.
Botanischer Garten: März–Okt. tgl. 9–19 Uhr. Verlässt man das Seeufer und überquert die Hauptstraße Corso Zanardelli, gelangt man zum Garten der Fondazione André Heller: Seitdem der österreichische Liedermacher und Allround-Künstler den Garten vor einem guten Jahrzehnt gekauft hat, lockt er mehr Besucher an. Im alten, fast verwunschenen Park mit riesigen Bäumen und stillen Ecken klappern Wasserspiele, mancherorts lugt durchs Grün eine moderne Plastik von Keith Haring oder Mimmo Paladino. Ein tibetischer Mönch fühlte sich von der heimeligen Atmosphäre so berührt, dass er Gebetsfahnen aufhängte.
San Nicola: Die Pfarrkirche dominiert die autofreie Altstadt. Um diese herum führt ein schmaler Umgang mit herrlichem Seeblick.
Vittoriale degli Italiani:
gegenüber der Pfarrkirche,
Tel. 03 65 2 01 30, Okt.–März tgl. 9–12.30, 14–17.30 Uhr, April–Sept. 8.30–20 Uhr.
Das Vittoriale ist die eigentümlichste Gebäudeansammlung am Gardasee. Gabriele D'Annunzio (1863–1938) baute sich hier 1921 einen Altersruhesitz, in dem er bis zu seinem Tod lebte. Im Park mit einem Freilichttheater und dem prächtigen Grabmal des Dichters kann man, gegen einen Eintritt von 10 000 Itl., umherstreifen; in das Wohnhaus gelangt man nur mit Führung.

Freie Strände an der Villa delle Rose in Fasano und beim Casinò in der Via Zanardelli.
Spiagga Rimbalzello (B 8):
am südlichen Ortsende, 9–19 Uhr. Man zahlt 11 000 Itl. Eintritt, bekommt Sonnenschirm und Liege und lässt es sich gut gehen, mit Barbetrieb.

Centro Sportivo la Terrazza: Via dei Colli 8, Tel. 03 65 2 21 23.
Tennisplätze und Bocciabahnen.
Viaggi Molinari:
Piazza Wimmer 2,
Tel. 03 65 2 15 51,
Fax 03 65 29 02 16.

Orte von A bis Z **Gardone Riviera**

Das Reisebüro veranstaltet Ausflüge nach Venedig (bei Nacht!), zur Arena di Verona, zu Weinkellereien und eine Seerundfahrt.

San Michele (B 7): Von Gardone Sopra führen ausgeschilderte Treppen und Wege steil hinauf zum Kirchlein San Michele. Den 45-minütigen Aufstieg belohnt eine grandiose Aussicht.

APT: Corso Repubblica 8, Tel./Fax 036 52 03 47, Mo–Sa 9–12.30, 16–19 Uhr.

Diana: Lungolago Gabriele d'Annunzio, Tel./Fax 036 52 18 15, günstig.
Einfache Zimmer, aber mit Balkon und Seeblick, reelle Preise.
Pensione Hohl: Via dei Colli 4, Tel. 036 52 01 60, günstig.
Die Wirtin Anna Alton kam vor über 60 Jahren aus Gröden an den Gardasee. Seit Jahrzehnten betreibt sie die Pension in der alten Villa. Von Zimmer Nr. 5 hat man einen herrlichen Blick über Park und See. Etagendusche, die Betten hängen leider schrecklich durch.
Albergo Monte Baldo: Corso Zanardelli 100, Tel. 036 52 09 51, Fax 036 52 09 52, info@velaxongarda.com, moderat.
Alte Villa am See mit Garten und Strand – alles bestens bis auf die Zimmer zur Straße...
Locanda Agli Angeli: Piazza Garibaldi 2, Tel. 036 52 08 32, Fax 036 52 07 46, moderat.
Ein reizendes, familiär geführtes Hotel in der Ortsmitte von Gardone Sopra.
Grand Hotel Gardone: Via Zanardelli 84, Tel. 036 52 02 61, Fax 036 52 26 95, teuer.
Aus der Zeit des Wintertourismus am Lago di Garda, um 1900 vom Deutschen Louis Wimmer erbaut. Großzügige Anlage, private Seepromenade, Motorboot-Anlegestelle, Swimmingpool.

Die Besichtigung des Vittoriale degli Italiani erfordert Zeit und Muße

Gardone Riviera

Orte von A bis Z

Colomber: San Michele (oberhalb von Gardone), Tel. 036 52 11 08, günstig.
In den Bergen gelegen, einfache, eher bäuerliche Küche: schwer, üppig und gut. Da hilft nur viel Rotwein und Grappa. Praktisch: Dem *ristorante* ist ein preisgünstiges Hotel angeschlossen.
Trattoria Riolet: Via Fasano Sopra 75, Tel. 036 52 05 45, günstig.
Im schönen Terrassenrestaurant hoch überm See herrscht immer Hochbetrieb. Das liegt zum einen an der guten Küche von Ernesto Formica – wunderbar der Fisch vom Grill (17 000 Itl.)! –, zum anderen aber auch an den günstigen Preisen und nicht zuletzt an der herrlichen Lage. Reservieren!
Trattoria Agli Angeli: Piazza Garibaldi 2, Tel. 036 52 08 32, Fax 036 52 07 46, gehoben.
Gehobene regionale Küche serviert Enrico Pellegrini, der darüber hinaus auch ein Kochbuch geschrieben hat (auch auf Deutsch erhältlich).

La Bottega al Vittoriale: Gardone sopra, Piazza Caduti 18.
Käse, Wein, Olivenöl – im reich sortierten Laden findet man typische Produkte der Gegend, nicht ganz günstig.
Enoteca Zanini: Corso Repubblica 38.
Schon die stets hübsch dekorierten Schaufenster locken in das Spirituosen- und Weingeschäft, reiche Auswahl an Grappa in auffälligen Flaschen.

Bar Le Rose: Piazza Molinari; Joghurteis.
Bar Riviera: Via Lungolago 34.
In der Bar im *fin de siècle*-Stil kann man außer Cocktails auch ein traditionelles Getränk der Region bestellen: *cedrata*. Die giftgrüne Limonade enthält Aromastoffe der Limonen, schmeckt bitter-süß, aber interessant.

Giovedì musica: Jeden Mi und Fr im Juli und August gibt es auf der Piazza Marconi oder der Piazza Wimmer Freiluftkonzerte, meist der leichteren Muse. Bei schlechtem Wetter zieht das Orchester in die Villa Alba um.

Busbahnhof am Corso Zanardelli 12, Tel. 036 52 10 61.
Linienbusse am See entlang. Regelmäßiger **Schiffsverkehr** nach Peschiera, Desenzano und Riva, Anlegestelle der Navigazione sul Lago di Garda.
Boottaxi: Consolini, Tel. 03 37 44 18 05.

Gargnano

Lage: D 6
Einwohner: 3000
Extra-Tour 1: s. S. 84f.

Gargnano war einst ein Fischerdorf, nur die Bewohner am Hang lebten vom Ertrag des Bodens. In den umliegenden Wäldern wachsen noch Maulbeerbäume aus den Vorkriegsjahren: Die Seidenraupenzucht war ein Zubrot der Bauern.

Gargnano, mit seinen Vororten Bogliaco und Villa nahezu verwachsen, gehört heute zu den ruhigeren Ecken am Gardasee. Wandern und Flanieren, Baden und Schlemmen, das sind hier die Hauptbeschäftigungen, auch abends herrscht nicht so viel Trubel wie in anderen Dörfern. Dabei schrieb Gargnano für kurze Zeit Weltgeschichte: Während der sogenannten Republik von Salò (s.

Orte von A bis Z **Gargnano**

In Gargnano geht alles seinen ruhigen Gang

51) lebte Mussolini in der prächtigen Villa Feltrinelli.

Kreuzgang San Francesco: Der romanische Kreuzgang kann nicht besichtigt werden, doch von der Schalterhalle der Bank, die im ehemaligen Kloster eingezogen ist, kann man zumindest einen Blick hineinwerfen.

Villa Bettoni-Cazzago: Bogliaco, Gardesana.
Nur weil beim Bau der Uferstraße der Garten rüde vom Haus abgetrennt wurde, kann man jetzt den schönen Park aus dem 17. Jh. einsehen. Das Anwesen ist in Privatbesitz.

Parco Fontanella: freier Strand unter Olivenbäumen, im nördlichen Ortsrand.

Universitá degli studi di Milano: Viale Rimombranza 2, Tel. 02 58 35 28 12, Fax 02 58 30 03 87,
www.unimi.it/engl/garg/gargnano.html

Italienischkurse für Fortgeschrittene in der wunderschönen Villa Larghi Feltrinelli.
OK-Surf: am Strand des Parco Fontanella, Tel. 03 65 79 00 12.
Die Surfschule bietet Kurse und Brettverleih.

Eremitage San Valentino (D 6): Eine dreistündige Wanderung von Gargnano oder ein 45-minütiger Spaziergang vom oberhalb gelegenen Ortsteil Sasso führen zu der kleinen weiß getünchten Kirche, die sich unter eine überhängende Felswand duckt. Eine Reihe von Zypressen begrenzt den schönen Vorplatz mit Aussicht. Die Eremitage wurde von den Einwohnern Gargnanos, die die Pestepidemie im Jahr 1630 überlebten, gestiftet. Als letzter Eremit zog 1842 Geremia Paladini aus Cassone vom gegenüberliegenden Seeufer in die schlichten Zimmer ein. Ein Scherenschnitt mit seinem Konterfei, 1859 angefertigt, hängt im Kircheninnern. Das Tor zur Eremitage ist von Früh-

Gargnano

Orte von A bis Z

sommer bis Spätherbst immer geöffnet.

Parco Alto Garda Bresciano: Via Oliva 32, Tel. 036 57 14 49, Fax 036 57 25 85. Naturparkverwaltung.
Pro Loco Gargnano: Piazza Feltrinelli 2, Tel./Fax 036 57 12 22.

Albergo Bartabel: Via Roma 39, Tel. 036 57 13 30, Fax 03 65 79 00 09, günstig. Familiär geführtes Haus, auf dem Holzsteg überm See genießt man Fisch.
Lido: Villa, Via Colletta 54, Tel. 036 57 14 36, Fax 036 57 28 98, moderat. Große moderne Hotelanlage.
Du Lac: Villa, Via Colletta 21, Tel. 036 57 11 07, Fax 036 57 10 55, moderat. Alte Fotos in der Lobby zeigen die Vorfahren: Onkel Valeriano war Pilot, Urgroßvater Emilio fuhr schon 1886 Fahrrad, der Großvater hatte eine Klavierfabrik, und der heutige Besitzer, Arosio, spielt abends auf einem alten Piano im Gemeinschaftsraum.
Villa Giulia: Viale Rimembranza 20, Tel. 036 57 10 22, Fax 036 57 27 74, teuer. Wunderschöne Villa des ausgehenden 19. Jh. mit Garten und Seeterrasse, Zimmer Nr. 9 ist mit antiken Möbeln ausgestattet und hat einen Balkon zum See.

Belvedere: Località Zuino, Tel. 036 57 10 84, günstig. Obwohl Zuino in der Nähe der Gardasee-Uferstraße liegt, ist es doch herrlich ruhig. Von der Veranda der familiären Trattoria hat man einen wunderschönen Ausblick; dazu genießt man hausgemachte *pasta*, Zicklein oder sonntags den Grillspieß.
La Tortuga: Via XXIV. Maggio 5, Tel. 036 57 12 51, Mo Abend und Di geschl., gehoben. Nur etwa 30 Auserwählte können hier speisen, mehr passen nicht in das Kleinod hinein. Deshalb reservieren Kenner schon Wochen im voraus einen Tisch. Maria Filippinis Küche gehört zu den besten und teuersten am Gardasee. Ihre Spezialität: hausgemachte Spaghettini mit einem feinen Ragout aus Gardaseefischen.

Valentins-Prozession: Aufstieg von Sasso zur Einsiedelei San Valentino, 14. Feb.

La cicerchia: Via Zanardelli 33. Verschiedene Naturkostprodukte in einem kleinen Laden am Hafen von Villa.

Mehrere Bushaltestellen de **Linienbusse** im Ort. Sowohl in Gargnano als auch in den Ortsteilen Villa und Bogliac legt das **Linienschiff** an.

Lazise

Lage: E 11
Einwohner: 1000

Unter venezianischer Herrscha war Lazise ein bedeutendes Han delszentrum und als erste Kom mune am See frei. Deutliches Ze chen dieser Zeit ist das Zollgebä de am Hafen, von dem aus Lazis – und somit Venedig – jahrhun dertelang den Warenverkehr an Gardasee kontrollierte. Das hüb sche, eher ruhige Städtchen betre ten Besucher zu Fuß durch eine der drei erhaltenen Stadttore.

Orte von A bis Z **Lazise**

Stadtmauer: Lazises Altstadt ist noch nahezu vollständig ummauert.
Skaligerburg: Das Kastell aus dem 12. und 13. Jh. kann nur von außen besichtigt werden, es ist in Privatbesitz.
San Niccolò: Die Kirche aus dem 12. Jh. war zwischenzeitlich heruntergekommen und säkularisiert. Nun kann man wieder die schönen restaurierten Fresken bewundern.

Beim **Campingplatz ›Du Parc‹** (s. u.) breiter Kiesstrand mit alten Bäumen, Duschen und Bar; Eintritt 5 000 Itl.
Parco Termale del Garda: Colá di Lazise.
37 °C warmer Thermalsee mit altem Park.

CanevaWorld: Via Fossalta 1, Tel. 04 57 59 06 22; Eintritt Erw. 35 000 Itl., Ki. bis 140 cm 25 000 Itl., Ki. bis 100 cm frei.
Vergnügungspark mit Spaßbad, Rockcafé, Mister Movie Studios und Medieval-Times-Restaurant.
Gardaland: Castelnuovo, Tel. 04 56 44 97 77; Eintritt Erw. 37 000 Itl., Ki. 2–10 J. 23 000 Itl., 1. April–1. Okt. 9–18.30, Ende Juni–Anfang Sept. bis 24 Uhr.
Der bekannteste der Freizeitparks am Gardasee; u. a. mit Achterbahn und Delfinshow. An Wochenenden mächtig überlaufen!

APT: Via F. Fontana 4, Tel. 04 57 58 01 14, Fax 04 57 58 10 40.
Mo–Sa 9–13, 15–18 Uhr.

Albergo Alla Grotta: Via F. Fontana 8, Tel. 04 57 58 00 35, günstig.
Die Lage ist herrlich, direkt am Hafen, mitten in der Altstadt. Da das Hotel dennoch günstig ist, lässt folglich der Standard zu wünschen übrig; es gibt aber eine Suite!
Cangrande: Corso Cangrande 16, Tel. 04 56 47 04 10, Fax 04 56 47 03 90, moderat.
Das Haus aus der Zeit der Wende zum 20. Jh. liegt an den mittelalterlichen Stadtmauern von Lazise. Es ist zugleich der Sitz der Weinkellerei Girasole. Für gehobene Ansprüche hält das Hotel auch eine Suite mit Balkon bereit.
Lazise: Via Esperia 38/A, Tel. 04 56 47 04 66, Fax 04 56 47 01 90, moderat.
Das moderne große Hotel liegt etwas nördlich außerhalb des Ortes, nahe am See. Die meisten Zimmer haben große Balkone mit Seeblick. Tennis und Pool.

Piani di Clodia: Località Bagatta, Tel. 04 57 59 04 56, Fax 04 57 59 09 39.
Großzügige Vier-Sterne-Anlage mit drei Schwimmbecken, Apartments und Stellplätzen für Wohnwagen und Wohnmobile.
Du Parc: 500 m außerhalb von Lazise, Tel. 04 57 58 01 27, Fax 04 56 47 01 50.
Es werden auch Wohnwagen und Holzbungalows vermietet.

Antica Locanda Ulivo: Corso Cangrande 22, Tel. 04 56 47 02 05, moderat.
Das schicke Lokal ist in eine alte Olivenöl-Fabrik modern eingebaut. Im Hof sitzt man auf ausladenden Korbstühlen, im Winter auf einer verglasten Veranda. Einige Spezialitäten werden auf dem ›Heißen Stein‹ oder dem Grill direkt am Tisch zubereitet.
Antico Caffé Lazise: Piazza Vittorio Emanuele 1, moderat.

Lazise
Orte von A bis Z

Das Café heißt nicht nur ›antik‹, es ist auch historisch. Schon auf alten Postkarten sieht man die Aufschrift an dem kleinen Palazzo.

Ristorante San Marco: Piazza Vittorio Emanuele 13, moderat.
Am Sonntagvormittag treffen sich hier die einheimischen Männer zum Wein, sie sitzen auf den Stühlen direkt am Platz. Im schattigen Garten kann man Pizza essen.

Il Porticciolo: Lungolago Marconi, Tel. 04 57 58 02 54, moderat.
Koch Renato Azzi stammt aus Mantua, aber er hat sich die traditionellen Zutaten und Rezepte der Gardasee-Region zu eigen gemacht. Dazu gehört auch der Monte-Baldo-Trüffel, den Azzi zum *lavarello*, einem Gardaseefisch, serviert. An den Wänden hängen Kochmützen, signiert von so berühmten Gästen wie Placido Domingo und Katia Ricciarelli.

Durch die Stadttore von Lazise kommt man nur zu Fuß oder mit dem Fahrrad

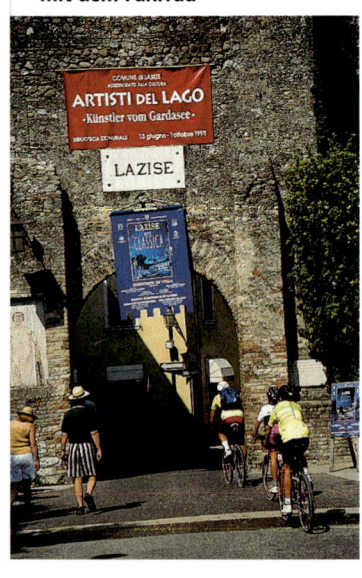

La Forgia: Lungolago Marconi, Mo. geschl., moderat.
In der Nähe des Hafens. Küchenchef Omero Rossignoli kocht am liebsten Meeresfisch. Vor dem *ristorante* sitzt man unter einer weinbewachsenen Pergola. Im Innern ist es immer noch fast so düster wie in einer Schmiede, das nämlich bedeutet *forgia*.

Trattoria da Cesco: Gabbiola, Tel. 04 57 58 00 82, moderat.
Die kleine Trattoria, die auch günstige Zimmer vermietet, liegt im Ortsteil Gabbiola. Spezialität: Aa vom Grill.

Pasticceria Cordonega: Piazza Cordonega.
Reich sortierte Bäckerei, auch So vormittags geöffnet.

Pasticceria Cecchinato: Via Porta 18.
In seiner kleinen Backstube direkt hinter dem Laden zaubert Paolo Cecchinato süße Köstlichkeiten.

Art Galerie: Via Chiesa 2.
Im Haushaltswarenladen von Giorgio Degani gibt es außer den üblichen italienischen Waren immer eine reiche Auswahl an Espressotassen.

Frutta e verdura: Piazza Gafforini 3.
Rosa Zanoni hat ihren Laden auc am So geöffnet, reiche Auswahl an Obst und Gemüse.

Wine Store: Strada Gardesana.
Einige hundert Meter südlich de Altstadt wartet Luigi Menini m einem großen Angebot an regio nalen und italienischen Weine auf.

Markt: Jeden Mi am Lungolag Marconi.

Eventi: Gemeinschaftspr gramm mehrerer Fremde verkehrsämter des Veneto und d Provinz Verona, Konzerte inte

Orte von A bis Z **Limone**

nationaler Stars (Informationen: Tel. 045 59 52 16).
Villa dei Cedri: Colà die Lazise, Tel. 04 57 59 09 88.
In der Saison abends Konzerte.

Der **Linienbus,** der entlang dem See fährt, hält an der *Gardesana* nahe der Altstadt. Die Anlegestelle der **Linienschiffe** befindet sich mitten in der Altstadt.

Limone

Lage: F 3
Einwohner: 1000
Extra-Tour 1: s. S. 84

Das kleine Städtchen, das sich mit steilen Wänden im Rücken an das Seeufer drängt, zählt zu den Touristenhochburgen. Entsprechend groß ist das Angebot an Hotels und Gaststätten. Wenn sich die Menschenmassen durch die kleine Altstadt schieben, fällt es manchmal schwer, den pittoresken Charme des einstigen Fischerdorfs noch auszumachen, doch haben die Strandpromenade und die mitunter recht steilen Gassen durchaus ihren Reiz.

Seit der Steinzeit ist der Platz besiedelt, auch die Römer ließen sich hier nieder. Sie brachten die ersten Zitrusfrüchte mit. Doch obwohl in Limone an vielen Häuserwänden *limone* – ›Zitronen‹ – zu sehen sind, hat der Ortsname damit vermutlich nichts zu tun: Er leitet sich von Limes ab. Noch bis 1918 verlief hier die Grenze zwischen Österreich und Italien.

Das Klima des Ortes ist gesund, wie überall am Gardasee. Doch darüber hinaus gibt es in Limone eine Sensation, die die Mediziner beschäftigt: das Apolipoprotein A-1 Mailand Gen. Das Protein wurde zufällig im Blut eines Einwohners von Limone entdeckt. In seiner Familie wird es seit Generationen weitervererbt. Es verhindert Arteriosklerose und vermindert somit das Herzinfarktrisiko. Bislang konnten die Mediziner das Gen jedoch nicht isolieren. Die Herstellung eines Medikaments gegen Arteriosklerose ist von daher noch nicht in Sicht.

San Benedetto:
So 8–18 Uhr.
Die Pfarrkirche wurde 1691 auf den Ruinen einer antiken Basilika erbaut und liegt nicht direkt am See sondern etwas erhöht im Altstadtkern. Zu ihren Schätzen gehören zwei Gemälde von Andrea Celesti aus dem 18. Jh.

San Rocco: Die Kirche nördlich des Hafens ist nur von außen zu besichtigen, die Fenster stehen offen. Laut einiger Quellen wurde hier bereits im Jahr 1436 eine Kapelle gegründet, anderer zufolge wurde das Gotteshaus Mitte des 16. Jh. von den Dorfbewohnern, die die Pestepidemie überlebten, erbaut.

San Pietro in Oliveto: Sankt Peter im Olivenhain ist eine kleine Kapelle aus rohen Feldsteinen. Sie befindet sich südlich der Altstadt, oberhalb der *Gardesana*. Das romanische, einschiffige Kirchlein ist selten geöffnet, am 29. Juni wird eine Prozession dorthin veranstaltet, die *Sagra di San Pietro*.

Geburtshaus Daniele Comboni: In der Via Comboni am südlichen Ortsrand oberhalb des Sees steht das klösterliche Anwesen. Daniele Comboni war Sohn einer Limonenpflanzerfamilie. 1831 geboren, ging er als Missionar nach Afrika. 1877 wurde er zum Bischof von Afrika ernannt und gründete die Comboni-Mission. Er starb 1881 in Khartum an Malaria.

Limone

Orte von A bis Z

1996 wurde er selig gesprochen. In Combonis Geburtshaus sind eine Ausstellung über Leben und Werk des Missionars zu sehen.

Altstadt: Schmaler Kiesstrand am nördlichen Ende der Promenade.
Spiaggia del Tifù: am südlichen Ortsrand, mit Beach-Volleyball.

Hütte Buonaventura Segala: Tel. 03 65 95 42 65. Von Juni–Sept. jeden So kostenlose, geführte Wanderungen zur Hütte.
Limontours: Via Camboni 42, Tel. 03 65 91 89 87, Fax 03 65 95 47 20, www.limone.com, assohotels@limone.com. Rafting, Canyoning, MTB, Paragliding, Klettern – für alle, denen nur Strand zu langweilig ist.

APT: Via IV Novembre 2/c, Tel. 03 65 95 40 70, Fax 03 65 95 47 20, www.limone.com, assohotels@limone.com, Mo–Sa 9–13, 15–18 Uhr.

Monte Baldo: Via Porto 27, Tel./Fax 03 65 95 40 21, günstig. Kleines Hotel, familiär geführt, mit Etagenduschen, zentral.
La Limonaia: Via Sopino Alto 3, Tel. 03 65 95 42 21, Fax 03 65 95 42 27, moderat. Die weitläufige Ferienanlage ist teilweise in ein altes Zitronengewächshaus eingebaut.
Le Palme: Via Porto 36, Tel. 03 65 95 46 81, Fax 03 65 95 41 20, lepalme@limone.com, moderat. Im historischen Kern, direkt am See, in einer venezianischen Villa aus dem 17. Jh.
Parkhotel Imperial: Via Tamas 10, Tel. 03 65 95 45 91, Fax 03 65 95 43 82, www.telmec.it/centrotao, imperialcentrotao@telmec.it., Luxus. Eines der wenigen Fünf-Sterne-Hotels am See, wunderschöne Lage oberhalb der Altstadt.

Garda: Via IV. Novembre 10, Ortsteil Fasse sul Lago, Tel. 03 65 95 45 50. Campingplatz mit Privatstrand.
Miralago: Lungolago Marconi 58, Tel. 03 65 95 44 38, Fax 03 65 95 46 59. Direkt am See.

Tovo: Via Tamas, oberhalb des Ortes., günstig Immer gut besucht, italienische Küche mit Pizzaspezialitäten: von Pizza Margherita bis Nutella-Pizza.
Al Torcol: Via IV. Novembre 44, Tel. 03 65 95 41 69, moderat. Etwas außerhalb der Altstadt, an der Hauptstraße. Beliebtes Gartenrestaurant, in dem vor allem Pizza, aber auch Grillspezialitäten angeboten werden. Zum Restaurant gehört ein Tenniscenter.

Orte von A bis Z — **Malcésine**

Limone zwischen Einkaufsbummel und Ruhepause

Bar Cristallo:
Lungolago Marconi 4, moderat. Entweder trinkt man Wein unter blauen Muranoglas-Lampen, oder isst Eis aus blauen Bechern.
Gemma: Piazza Garibaldi 12, Tel. 03 65 95 40 14, moderat. Die herrliche Seeterrasse läßt die mittelmäßige Küche vergessen.

Mezzaquaresima: Volksfest zur ›halben Fastenzeit‹ mit Polenta, Fisch, Wein und Lotterie in der Altstadt, zwischen Karneval und Ostern.
Palmsonntag: In der Hl. Messe werden mit kleinen weißen Täubchen geschmückte Olivenzweige geweiht.
Karfreitagsprozession: Nächtliche Lichterprozession durch die Altstadt.

Venezia a Limone: Via Porto 35.
Muranoglas und Swarovski-Kristall.
eta beta: Via Rovina 3.
Keramikgeschirr, Haushaltswaren, Espressomaschinen, Alessi-Artikel.

Abbigliamento Oscar S. Beni:
Via Porto 7.
Kleidung, gehobener als das Übliche, internationale Mode.
Cooperativa Agricola Possidenti Oliveti: Via Campaldo 2, Tel. 03 65 95 44 46, März–Okt. Di–Fr 16–18 Uhr.
Genossenschaft der Olivenbauern, reiche Auswahl an Ölprodukten und Utensilien aus Olivenholz. Kleines Olivenölmuseum.
Markt: Jeden ersten und dritten Di im Monat.

Regelmäßiger **Linienbusverkehr** von Norden und von Süden. Im Hafen legt das **Linienschiff** an.

Malcésine

Lage: G 4
Einwohner: 3600
Extra-Touren 2 und 3: s. S. 86, 89

An manchen Tagen in der Hauptsaison kann man in den Gassen

Malcésine

Orte von A bis Z

von Malcésine den Eindruck gewinnen, am nächsten Tag würde die Lira abgewertet und man bekäme durchaus nichts mehr für sein Geld: Von Geschäft zu Geschäft schieben sich die Menschenströme auf der Suche nach Souvenirs, Schuhen, Designerkleidung, Küchengeräten und Ramsch aus Asien. Fast kann man dabei die hübsche Bausubstanz der Altstadt aus den Augen verlieren, dabei geben die Häuser, die sich den Burghügel hinaufschichten, durchaus einen reizvollen Anblick. Hat man die Burg erklommen, schaut man wunderbar auf den See und das gegenüberliegende Ufer.

Wegen seiner exponierten Lage war Malcésine von alters her auch militärischer Stützpunkt. Den Vorposten Venetiens im Norden des Ostufers bewohnten schon die Etrusker, später die Römer. 568 kamen die Langobarden mit König Alboin, der die erste Burg bauen ließ. Die Skaliger erweiterten das Kastell, das in den folgenden Jahrhunderten noch mehrmals umgebaut wurde.

Der Ortsteil Cassone wartet mit einer Kuriosität auf: Der Aril gilt mit 175 m als kürzester Fluss der Welt. Natürlich ist Malcésine vor allem im Sommer ein beliebtes Urlaubsziel, aber auch im Winter hat es Touristen etwas zu bieten: Dann stauben die Skifahrer auf dem Monte Baldo durch den Schnee, während tief unten der See dunkelblau glitzert.

Santo Stefano: Die einschiffige Barockkirche wurde 1729 erbaut. In ihrem Innern befinden sich die Gräber der Eremiten Benigno und Caro, außerdem eine Kreuzabnahme von Girolamo dai Libri. Eingang an der Seite, unterhalb der Sonnenuhr.

In Malcésine kann man lernen, die Segel richtig zu setzen

Orte von A bis Z **Malcésine**

Palazzo dei Capitani del Lago: Der Palast in der Nähe des Hafens geht auf die Skaliger (13. Jh.) zurück, sein heutiges Aussehen erhielt er unter venezianischer Herrschaft Ende des 15. Jh.

Museen
Museo del Garda, Museo Baldo: Castello Scaligero;
Burg: tgl. 9.30–19 Uhr,
Museen: im Sommer
tgl. 9–20 Uhr, 1. Nov.–31. März
nur Sa/So 10–16 Uhr.
Das Doppelmuseum im untersten Hof der Burg informiert u. a. über Flora, Fauna und Geologie des Monte Baldo. Im Goethe-Raum sind Kopien der Gardasee-Zeichnungen zu sehen, die der Italienreisende hier anfertigte.

Nördlich von Malcésine: Ein langer freier, nur sehr schmaler Kiesstrand zieht sich bis nach Navene. Der Eiswagen kommt stündlich.

Altstadt: Ein kleiner romantischer Strand befindet sich direkt unterhalb der Burg von Malcésine, man geht eine steile Treppe hinab, oft überfüllt.

Val di Sogno (F 5): Wunderschöne Badebucht, etwas Schatten, Wasser fällt bald steil ab, frei, kaum Parkplätze.

Furioli: Piazza Matteotti, Tel. 04 57 40 00 89.
Mountainbike-Verleih und geführte Touren. Die Räder werden auf den Gipfel des Monte Baldo gebracht!

Funivia Monte Baldo:
Tel./Fax 04 57 40 02 06; ab 8 Uhr, Hin- und zurück 20 000 Itl.,
einfach 15 000 Itl., mit Mountainbike zusätzlich 10 000 Itl.
Die Seilbahn überwindet von Malcésine über die Mittelstation San Michele bis zur Bergstation 1600 Höhenmeter.

Animatori Culturali ed Ambientali CTG Monte Baldo e Lessina: Tel./Fax 04 56 26 02 28, ein Treffpunkt wird telefonisch vereinbart.
Wanderungen und geführte Naturbeobachtungen. Die Veranstalter sind keine Bergführer, sie übernehmen keine Haftung für eventuelle Unfälle. Die Ausflüge sind kostenlos.

Agenzia Viaggi Goethe:
Via Bottura 26,
Tel. 04 57 40 11 35.
Ausflüge in die Umgebung und Fahrten nach Venezia, Milano, Firenze.

Eremo San Benigno e Caro (G 5): Die Einsiedelei liegt oberhalb des Ortsteils Cassone, in einer etwa zweistündigen Wanderung ist sie von der Mittelstation der Seilbahn aus zu erreichen. Die Eremiten Benigno und

Malcésine
Orte von A bis Z

Caro bewohnten sie im 9. Jh. Ein Schild an der Kirche, die zu ihren Ehren im 14. Jh. erbaut wurde, berichtet, König Pippin, der Sohn Karls des Großen, sei oft hierher gekommen, um bei den Mönchen Rat einzuholen. Die Kirche ist nur am 26. Juli geöffnet.

APT: Via Capitanato 6/8,
Tel. 04 57 40 00 44,
Fax 04 57 40 16 33, Mo–Sa
9–13, 15–18, So 9–13 Uhr.

Hotel Vega: Via Roma 10,
Tel. 04 57 40 01 51,
Fax 04 57 40 16 04, www.malcesine.com/vega, moderat.
Familie Martintoni legt Wert darauf, dass in ihrem Hotel keine Gruppen, sondern nur Individualreisende untergebracht werden. Schöne Zimmer direkt am See.
Lago di Garda: Piazza Matteotti 1, Tel. 04 57 40 06 33, moderat.
Wer auf Trubel steht – in diesem Hotel ist er im Zentrum des quirligen Lebens.
Luna Rossa: Via Paina 6,
Tel. 04 57 40 00 51, moderat.
Kleines, sympathisches Hotel in ruhiger Lage, die Zimmer sind mit einfachen Kiefernholz-Möbeln eingerichtet.
Maximilian: Val di Sogno 6,
Tel. 04 57 40 03 17,
Fax 04 56 57 01 17, maximilian@malcesine.com, moderat.
Familie Gaguardi hat ihr großes Hotel am Ortsrand mit viel Komfort ausgestattet: Tennisplatz und Tiefgarage, Sauna, Hallenbad, schönem Garten und Badesteg.
Excelsior Bay: Via Lungolago,
Tel. 04 57 40 03 80,
Fax 04 57 40 16 75, teuer.
Großes Hotel in ruhiger Lage, direkt an der Strandpromenade, großer Swimmingpool und Dachterrasse zum Sonnenbaden.

Fährt man die Uferstraße nach Norden Richtung Navene, reiht sich ein Campingplatz an den nächsten.
Alpino: Tel. 04 57 40 04 72.
Tonino: Tel. 04 57 40 13 24.
Panorama: Tel. 04 56 58 41 19.

Agritur San Maggiore: Ortsteil San Maggiore,
Tel. 04 57 40 17 04;
Ostern–Nov. Do, Fr, Sa abends und So ganztägig.
Maria Piera Barzoi bietet in ihrem einfachen Restaurant traditionelle Küche. Die Spezialität Kaninchen mit Polenta ist eher ein deftiges Essen für kältere Tage (18 000 Itl.).
La Vela: Val di Sogno,
Tel. 04 57 40 16 97.
Grillspezialitäten auf der ›Lästerterrasse‹: Während man an dicken Steaks säbelt, kann man Segel- und Surfnovizen bei ihren Bemühungen beobachten.
Pizzeria Gondolfiere:
Piazza Matteotti 6,
Tel. 04 57 40 00 46.
In der Altstadt auf einer Terrasse, alle Gerichte werden mit Olivenöl der Region zubereitet. Spezialität sind Forellenfilets.
Spaghetteria Mignon:
Via Bottura, Tel. 045 74 01 77 77, Mi geschl.
Ruhige Terrasse, auf der in einer Voliere Zebrafinken zwitschern, täglich wechselnde Spezialitäten, der Hit sind die hausgemachten *profiterroles*.
Taverna dei Capitani:
Corso Garibaldi 2,
Tel. 04 57 40 00 05.
Mittelalterlich angehauchtes Lokal in Gewölben und im Innenhof, Spezialität sind die mit Gardaseefisch gefüllten Ravioli.

La bottega di Derma:
Piazza Matteotti 14.

Orte von A bis Z **Peschiera**

Nicht der übliche Billigfummel, sondern italienische Designerware, manchmal zu reduzierten Preisen.
Calzature Derma:
Via Capitanato 5.
Schicke Schuhe und Taschen.
Naccari: Via Capitano 3.
Glaswaren, Tand und größere Objekte, alles aus Muranoglas.
Enoteca Break Point:
Via Casella 27.
Weine aus dem Veneto und dem Trentino, Olivenöl vom Gardasee.

In den Gassen der **Altstadt** und am kleinen **Hafen** trifft sich Malcésine am Abend, gerne in der **Bar Castello,** mit peppiger Inneneinrichtung.
Disco Corsaro: Via Paina 17.
Direkt unterhalb der Burg, etwas aus der Mode geratenes Nachtlokal.

Eventi: Gemeinschaftsprogramm mehrerer Fremdenverkehrsämter des Veneto und der Provinz Verona, Konzerte internationaler Stars (Informationen: Tel. 045 59 52 16).
Malcésine e l'Europa: Sommerkonzerte und Theateraufführungen auf einer Freilichtbühne bei der Burg (Tel. 045 59 52 16).

Regelmäßige **Linienbusverbindungen** von und nach Riva und Verona. **Linienschiffe** von und nach Malcésine.

Peschiera

Lage: D/E 12
Einwohner: 9000

Die venezianisch-österreichischen Festungen, die Peschiera umgürten, sind schon allein einen Besuch wert. Hinter den Stadttoren versteckt sich eine hübsche Altstadt. Besonders beschaulich geht es am Canale zu, einem Seitenarm des Mincio. Diesen schiffbaren Abfluss des Gardasees nutzten die Römer als Verbindung zum Po und weiter zur Adria. Der Mincio bildet zugleich die Grenze zwischen Venetien und der Lombardei.

1516 ging die Stadt an Venedig, die Venezianer bauten 1550 eine wehrhafte Bastion nach den Plänen des damals berühmten Festungsbaumeisters Michele Sanmicheli. Unter Napoleon und noch einmal unter den Österreichern wurden die Wehrbauten der Stadt immer stärker erweitert, was ihr bis heute ein recht robustes Aussehen gibt.

Nördlich von Peschiera: Hier ziehen sich die langen Sand- und Kiesstrände Campanello, Campeggio Gasparina, Lido di Ronchi und Pacengo; das Wasser ist flach, es gibt ein paar Bäume; Eintritt frei, Parkplätze vorhanden.
Richtung Sirmione: Spiaggia Bergamini und Lido Belvedere mit Tretbootverleih.

Madonna del Frassino: jenseits der Autobahn südlich von Peschiera;
tgl. 6.30–12, 14.30–19.30 Uhr.
Im 16. Jh. soll hier einem Weinbauern die Muttergottes erschienen sein, sie rettete ihn vor einer Giftschlange. An der Fassade der mehrfach umgebauten Kirche ist die wundersame Begebenheit dargestellt.
Borghetto di Valeggio sul Mincio: Nach einer halbstündigen Autofahrt Richtung Süden kommt man in den kleinen Ort, der an einer mächtigen Brücke liegt, die

55

Peschiera

Orte von A bis Z

> ## Tipp
>
> **Eine Übernachtung im Hotel Faccioli in Borghetto sul Mincio ist reizvoll. Rund um den mittelalterlichen Innenhof eines Bauernhauses sind die recht großen Zimmer angeordnet, stilvoll renoviert, schlicht und ruhig.
> (Via Tiepolo 8, Tel. 04 56 37 06 05, moderat)**

ursprünglich ein Damm war. Der tyrannische Mailänder Visconti Gian Galeazzo ließ den Mincio in einem gigantischen Projekt 1393 stauen. Er erhoffte sich davon, den Wassergraben um Mantua, den der Fluss speiste, austrocknen und die Stadt leichter einnehmen zu können. In acht Monaten ließ er das 600 m lange, 26 m breite und 10 m hohe Wehr errichten. Eine weitere Attraktion in Borghetto ist der Parco Giardino Sigurtà (Tel. 04 56 37 10 33; März–Nov. tgl. 9–19 Uhr), ein großer Garten- und Naturpark, der mit dem Auto durchfahren werden kann.

APT: Piazzale Betteloni 15, Tel. 04 57 55 16 73, Fax 04 57 55 03 81, Mo–Sa 9–13, 15–18 Uhr.

La Favorita: San Benedetto, Strada Bergamini 49, Tel./Fax 04 57 55 02 89, günstig. Das einfache Hotel liegt außerhalb der Altstadt und abseits des Durchgangsverkehrs.

Bell' Arrivo: Piazzetta Benacense 2, Tel. 04 56 40 13 22, moderat. Sehr hübsch sind die Zimmer, die zum Canale gehen, aber leider ist es etwas laut, da die Durchfahrtsstraße nahe am Hotel vorbeifährt.
San Marco: Lungolago Mazzini, Tel. 04 57 55 00 77, gehoben.
Das sehr modern eingerichtete Hotel liegt entlang der schmalen Strandpromenade, von den Balkonzimmern hat man einen herrlichen Blick.

Bella Italia: Via Bella Italia 2, Tel. 04 56 40 06 88, Fax 04 56 40 14 10. Großer Campingplatz mit mehreren Swimmingpools.
Del Garda: Castelnuovo di Garda, Tel. 04 57 55 05 40, Fax 04 56 40 07 11. Campingplatz mit mehreren Pools, nicht direkt am See gelegen.
San Benedetto: Via Bergamini 14, Tel. 04 57 55 05 44, Fax 04 57 55 15 12. Großer Campingplatz mit Tauchcenter und Ferienhäusern.

Speedy: Via Fontana 27, in der Altstadt, günstig. Pizza direkt vom Blech.
Il Cantinone: Via Galilei 14, Tel. 04 57 55 11 62, moderat. Das kleine Lokal in der Innenstadt von Peschiera bietet zwei völlig unterschiedliche Menüs an: zum einen eine ›See-Variante‹ mit geräucherter Forelle und Hecht in Sauce, zum anderen eine ›Hügel-Version‹ mit Steinpilzrisotto oder *pasta* mit Leber und Lammkoteletts.
La Torretta: Via Galilei 12, Tel. 04 57 55 01 08, Mi geschl., moderat. Mauro Cavallaro kocht frische *pasta,* Seefisch und als Spezialität

Orte von A bis Z # Riva del Garda

Aal. Man sitzt etwas abseits auf einer hübschen Terrasse, mitten in der historischen Altstadt.
Trattoria al Combattente: San Benedetto di Lugana, Tel. 04 57 55 04 10, moderat.
Weit entfernt vom Trubel sitzt man im Stadtteil San Benedetto auf einer schattigen Terrasse, während schon der Fisch auf dem Grill duftet.
Antica Locanda Mincio: Borghetto sul Mincio, Tel. 04 57 95 00 59, gehoben.
Stilvolles Speisen unterhalb des gigantischen Wehrs mitten im kleinen Ort Borghetto. Im Sommer am Ufer des Mincio; bei schlechtem Wetter wird drinnen gedeckt, im historischen Saal mit Kamin und alten Holzbalken. Allerfeinste Küche und Weine.

Jazz Band: Via Rocca 14. Kleine Boutique mit Designerkleidung, von Ann Demeulemeister bis Versace.
La Gatta: Via Dante 16. Jugendliche Mode zu günstigen Preisen.
Grande Mela Shoppingland: in Lugagnano di Sona, an der Staatsstraße 11 von Peschiera nach Verona.
Riesiges Einkaufszentrum mit angeschlossenem Multiplex-Kino, in dem auch Filme in deutscher Sprache gezeigt werden (Informationen: Tel. 04 56 09 11 21).
Lonardi: Via Milano 20.
Alles für den Garten: Springbrunnen, Terracotta, Keramik.
Markt: Jeden Mo in der Nähe der Piazzale Betteloni.

Busverbindung nach Verona und rund um den See. Am Bahnhof von Peschiera halten die **Nahverkehrszüge** der Strecke Mailand–Venedig.

Riva del Garda

Lage: G 1
Einwohner: 14 000
Extra-Tour 3: s. S. 88

Riva hat sich ein feines Plätzchen ausgesucht: Die Stadt liegt am nördlichen fjordartigen Ende des Sees mit der Schauseite zum Wasser. In ihrem Rücken breitet sich das Schwemmland der Sarca aus. Zahlreiche Hotels und Campingplätze haben sich weiter östlich, in Richtung Tórbole, niedergelassen.

Schon die Römer nutzten die günstige Lage und errichteten hier eine Zwischenstation auf der Route Rom–Trient. 1283 eroberten die Tiroler den Hafen am See, der als Handelszentrum immer mehr an Bedeutung gewann. 1299 rissen die Skaliger die Macht an sich und bauten die Siedlung zur befestigten Stadt aus. 1388 rückten die Visconti aus Mailand an. Die venezianischen Skaliger konterten mit einer furiosen Seeschlacht, dafür ließen sie ihre Schiffe das Etschtal hinauf nach Tórbole transportieren. Vom 16. Jh. bis 1802 war Riva dann wieder trientinisch, eine kurze Epoche unter französischer Herschaft folgte. Bis 1918 gehörte es schließlich zu Österreich – ein Habsburgerstädtchen am Lago di Garda! Nietzsche und Thomas Mann, Rilke und Kafka – zahlreiche Schriftsteller logierten in diesen Jahren in Riva.

Das Urlauberpublikum von Riva ist heute recht gemischt, einerseits treffen sich hier Surfer, wenngleich die Windverhältnisse durch den abschirmenden Monte Brione nicht ganz so spektakulär sind wie im benachbarten Tórbole. Auch Familien mit Kindern fühlen sich dank des langen Strandes in Riva wohl, und ältere Herrschaften

Riva del Garda

Orte von A bis Z

trinken gerne einen Cappuccino oder auch den eigens ausgewiesenen ›deutschen Kaffee‹ in den Cafés an der langen Seepromenade.

Torre Apponale: Der hohe Turm, das Wahrzeichen der Stadt an der lebhaften Piazza III. Novembre, wurde Anfang des 13. Jh. zum Schutz des Hafens errichtet.

Porta Bruciata, Porta San Marco, Porta San Michele: Die drei erhaltenen Stadttore in Riva führen in die Fußgängerzone der Altstadt.

Chiesa dell' Inviolata: Sie erhebt sich nördlich der Altstadt und gilt als die schönste Barockkirche des Trentino. Ein portugiesischer Architekt baute sie 1603, außen gestaltete er sie schmucklos, doch im Innern wird der Besucher vom barocken Formenreichtum überrascht.

Rocca: Sept.–Juni Di–So 10–12, 14.30–18.30 Uhr, Juli–Aug. Di–Sa 16.30–22.30 Uhr, So 17.30–22.30 Uhr, Mo geschl. Die Grundmauern der Wasserburg stammen aus dem 12. Jh., die Skaliger bauten sie 1370 zu einer starken Befestigung aus. Das Museum mit Gemälden und Wissenswertem zur Stadtgeschichte nimmt drei Stockwerke der Burg ein.

Palazzo Municipale: Das Rathaus wurde 1475–82 von den Venezianern erbaut, die Fassade ziert der venezianische Löwe. Unter den Arkaden wurde der hebräische Grabstein des Rabbiners Jacopo da Marcaria eingemauert.

Richtung Limone: An der Straße gibt es diverse Badegelegenheiten – aber praktisch keine Parkplätze. Schön mit Booten anzufahren.

Spiaggia Sabbioni: Sehr großer, freier Strand nahe des Hotels Lido Palace, viel Schatten, diverse Bars und Eisstände.

Atesina: Piazza Stazione 2, Tel. 04 64 55 20 95. Ausflugsfahrten mit dem Bus, u. a. zu den Opernfestspielen nach Verona.

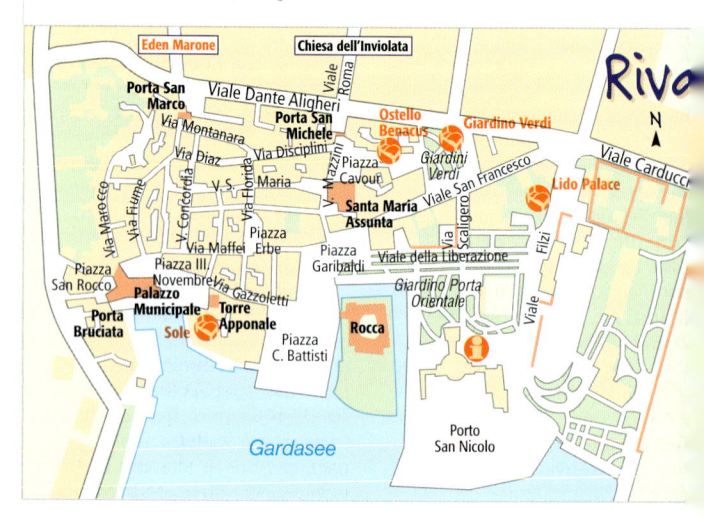

Orte von A bis Z ## Riva del Garda

Bikes Girelli:
Viale Damiano Chiesa 15/17,
Tel. 04 64 55 66 02.
Fahrradverleih.
Gruppo Sommozzatori Fips:
Tel. 04 64 55 51 20, Treffpunkt
nach telefonischer Vereinbarung.
Kurse und Tauchausflüge.
Italingua: Tel. 073 61/323 78,
Fax 644 01 (in Deutschland),
www.italingua.de.
Sprach-und Aquarellkurse, Information bei Heike Schmid.
Sembenini: Piazza Giardino
Verde, Tel. 04 64 55 45 48.
Motorrollerverleih.
Spiaggia Sabbioni: Sig. Paolo
Fazi, Tel. 03 37 45 97 85.
Kanuverleih.
Windsurfing: Marco Segnana,
Tel. 04 64 55 60 77.
Surfkurse.

Das Trentino

Künstler in Renaissance-kostümen leiten Ausflüge zu den Themen Schlösser, Natur und Geschichte des Trentino. Jeden Di und Fr im Hochsommer, Anmeldung erforderlich, 12 000 Itl. APT, Giardini di Porta Orientale 8, Tel. 04 64 55 44 44.

Tenno (G 1): Der mittelalterliche Ort liegt mit dem Auto etwa 30 Min. nördlich von Riva, bereits auf 428 m Höhe, auf die eine kurvenreiche Straße hinaufführt. Ein Spaziergang durch die verwinkelten Gassen ist mit ›Passeggiata panoramica Bussè‹ ausgeschildert. Stramme Geher können zu Fuß an den Gardasee zurückkehren; links der Burg weist ein Schild in die Gola Varone, die Varone- Schlucht. Ufficio informazioni: Tel./Fax 04 64 50 08 48, nur in der Hauptsaison.

Canale di Tenno: Von Tenno aus kann man auf dem *sentiero del salt* nach Canale di Tenno spazieren. Der mittelalterliche Ortskern präsentiert sich dort mit unverputzten und restaurierten Häusern. Hier wohnen Künstler, die im Sommer Ausstellungen veranstalten.

Cascata Varone (G 1): Mai–Aug. tgl. 9–19 Uhr, Nov.–Feb. So und Feiertag 10–12.30, 14–17 Uhr, März und Okt. 10–12.30, 14–17 Uhr, April und Sept. 9–18 Uhr, Eintritt 8000 Itl., Auskunft: Tel. 04 64 52 14 21. Varone liegt 5 km nördlich von Riva; dort rauscht ein 98 m hoher Wasserfall vom Lago di Tenno herunter. Die Anlage wurde 1874 dem Publikum zugänglich gemacht. Thomas Mann nimmt darauf in seinem Roman ›Zauberberg‹ Bezug: »Es war ein Höllenspektakel. Die Wassermassen stürzten senkrecht nur in einer einzigen Kaskade, deren Höhe aber wohl sieben oder acht Meter betrug und deren Breite ebenfalls beträchtlich war, und schossen dann weiß über Felsen weiter.«

APT: Giardini di Porta Orientale 8, Tel. 04 64 55 44 44, Fax 04 64 52 03 08, aptgarda@anthesi.com, Mo–Sa 9–13, 15–18 Uhr.

Agriturismo Eden Marone: Via Marone 11, Tel. 04 64 52 15 20, günstig. Über eine Schotterstraße gelangt man zur frisch renovierten Pension inmitten von Olivenbäumen und

Riva del Garda

Orte von A bis Z

Weinreben, Ferien auf dem Bauernhof: ohne Gardasee-Trubel, mit Vogelgezwitscher und Familienanschluss. Am besten Halbpension buchen, schon wegen der *strangolapreti*. Mountainbike-Verleih.

Ostello Benacus: Piazza Cavour 9, Tel. 04 64 55 49 11, Fax 04 64 55 99 66, ostelloriva@anthesi.com, günstig. Jugendherberge, zentral gelegen, mit Mehrbettzimmern, 52 Betten.

Giardino Verdi: Piazza Giardino Verdi 4, Tel. 04 64 55 25 16, Fax 04 64 55 41 91, moderat. Modernes, helles Hotel in der Altstadt, nicht ganz ruhig gelegen.

Lido Palace: Viale Carducci 10, Tel. 04 64 55 26 66, Fax 04 64 55 19 57, lidopalace@anthesi.com, teuer. Schönes Hotel im Liberty-Stil, mit Palmenauffahrt und Blick zum See.

Sole: Piazza III. Novembre 35, Tel. 04 64 55 26 86, Fax 04 64 55 28 11, teuer. Traditionsreiches Hotel direkt an der Seepromenade. Schon Nietzsche logierte hier. Vor allem ältere Besucher fühlen sich wohl, abends Live-Musik.

Monte Brione: Via Brione, Tel. 04 64 52 08 85, Fax 04 64 55 31 78. Komfortabel ausgestatteter Campingplatz, der allerdings nicht am See liegt, sondern am Fuß des Monte Brione, dem Kalkriegel zwischen Riva und Tórbole.

Al Lago: Tel./Fax 04 64 55 31 86. Kleinerer Campingplatz direkt am See.

Pizzeria alla Torre: Via Maffei 10, Tel. 04 64 55 34 53, günstig. In einem Palazzo mit Hof genießt man einfache preiswerte Gerichte.

Leon d'Oro: Via Fiume, Tel. 04 64 55 23 41, moderat. Ganztägig warme Küche, freundlicher Service.

Novecento: Via Gazzoletti 8, Tel. 04 64 55 22 31, gehoben. Auf der schönen Terrasse scharwenzelt die eifrige, etwas angegraute Kellner um die Gäste; seit 50 Jahren gibt es das Novecento schon, berühmt ist die hausgemachte *pasta*. Antipasto mit Scampi 20 000 ltl.

Lorenzi: Via Florida 27. Haushaltswaren, wie die Italienerin sie kauft: Parmesanmühle, Kochtöpfe…

La Buccia: Via Fiume 46. Taschen und Lederwaren. Durchschnittsware zu reellen Preisen.

Bon Bon: Viale San Francesco 15. Leckereien aller Art: Schokoladenplätzchen, eingelegte Früchte, Grappa mit Beeren, Konfitüren.

Omkafé: Via Vannetti 18. Kaffeerösterei mit Direktverkauf.

Markt: Jeden zweiten und vierten Mi des Monats an der Viale Dante.

Gelateria Punta Lido: an der Uferpromenade. Mit dem ersten Campari des Tages die letzten Sonnenstrahlen genießen.

Pub all'Oca: Via Santa Maria. Korbstühle in einer ruhigen Gasse, für den gemütlichen Anfang.

Il vecchio Porto: Piazza Catena 5. In-Bar am Hafen, dort treffen sich die jungen Einheimischen.

Disco Bar Caffé Latino: Via Monte Oro 14, am Hafen. Fr und Sa Live-Musik, sonst Disco, aber etwas leerer.

Tiffanys: Giardini di Porta Orientale, gegenüber dem Fremdenverkehrsamt. Älteste Disco am Ort, mit Freiluftplätzen.

Orte von A bis Z **Salò**

🎭 **Notte di Fiaba:** Straßenumzüge, Open-Air-Aufführungen und Feuerwerk, letztes August-Wochenende.
Musica Riva Festival: Sommerkonzerte mit internationalen Musikern, Infos: Tel. 04 64 55 40 73.

🚖 **Taxi:** Tel. 04 64 55 22 00 und 04 64 55 14 00.
Der **Linienbus,** der entlang des Sees fährt, hält am Busbahnhof in der Viale Trento, sowie an zahlreichen Haltestellen im Ort.
Die Anlegestelle der **Linienschiffe** befindet sich am südwestlichen Ortsende, Richtung Limone.
Boottaxi: Tel. 04 64 55 41 19.

Salò

Lage: B 8
Einwohner: 10 000

Salò – elegantes Seebad und geschäftiges Städtchen zugleich – liegt in einer Bucht am südlichen Westufer. 1901 bebte die Erde an Gardasee und zerstörte große Teile des Ortes. Die Altstadt wurde auf den Trümmern wiederaufgebaut, als Neuerung fügte man eine Seepromenade hinzu, deutliches Zeichen für den damals bereits einsetzenden Tourismus. Salò war immer wohlhabend, 1377 wurde es von den Visconti aus Mailand zum Verwaltungssitz des Westufers bestimmt, 1426 erhoben die Venezianer es zur Magnifica Patria della Riviera. Auch in der jüngsten Vergangenheit kam Salò zu – allerdings zweifelhaftem – Ruhm: Mussolini rief 1943 die faschistische Sozialrepublik mit Salò als Hauptstadt aus.

🕍 **Santa Maria Annunziata:** Der spätgotische Dom, Baubeginn im Jahr 1453, gilt als größte und bedeutendste Kirche am Gardasee. In die einfache Backsteinfassade wurde später ein Renaissanceportal eingefügt. Zu den wichtigsten Kunstwerken der Kirche, die im Nordosten der Altstadt fast am See steht, zählt das Bild ›Sant' Antonio von Padua‹ des Künstlers Romanino (1486–1560).
Rathaus: Das alte Rathaus aus dem 14. Jh. erhielt im 16. Jh. eine venezianische Fassade mit einem schönen Arkadengang, an den sich die Bögen des Palazzo della Magnifica Patria anschließen.
Museen
Museo Civico: Okt.–April
Di–Fr 9–12.30, 15–18 Uhr,
Sa 9–12.30, Juli–Sept. auch Sa nachmittags und So vormittags.
Interessante Ausstellung zur Geschichte des südlichen Gardasees.

🏖️ **Porto Portese:** Freier Kies- und Felsstrand, flaches Wasser, Duschen.

An der Uferpromenade in Salò

Salò *Orte von A bis Z*

In der Via San Carlo konzentriert sich das geschäftige Treiben Salòs

Orte von A bis Z **Salò**

Baia del Vento (B/C)8: Sehr hübscher, kleiner Kiesstrand bei San Felice del Benaco, vor der Isola del Garda. Der Eintritt zum Strand ist frei, der Parkplatz aber kostenpflichtig.

Taras Diving Center: Via Fantoni 63, Tel./Fax 036 52 02 25.
Tauchkurse für Anfänger und Fortgeschrittene sowie Tauchausflüge.
Baia del Vento Acqua Club: San Felice del Benaco Tel./Fax 03 09 96 59 96.
Segelkurse und Tauchkurse sowie Tauchausflüge.

Santuario Madonna del Rio (A/B 8): Die kleine Kirche im Wald erreicht man von Renzano, einem ruhigen Ortsteil von Salò, nach einem kaum 10minütigen Spaziergang, den Schildern ›Santuario‹ folgend. Vor der kleinen Kirche laden Bänke auf der Wiese zum Picknick ein.

San Felice del Benaco (B 9): Um entlang dem Seeufer nach San Felice del Benaco zu gelangen, muss man durch Salò hindurchfahren, die *Gardesana Occidentale,* die große Uferstraße, also verlassen. Der Ort liegt im Valtènesi, einer hügeligen Endmoränenlandschaft mit schönem Uferstreifen. Der Ortsname nimmt Bezug auf den ursprünglichen Namen des Sees: Benacus. Die weithin sichtbare Pfarrkirche San Felice aus der Mitte des 18. Jh. dominiert die Altstadtansicht. Bekannter, aber bescheidener, ist die etwas außerhalb liegende Wallfahrtskirche Madonna del Carmine.

APT: Lungolago Zanardelli 39, Tel./Fax 036 52 14 23, Mo–Sa 9–12.30, Mo, Di, Do–Sa 15.30–18.30 Uhr.

Conti Terzi: Azienda Agrituristica Agricampeggio, Cascina Pignino Sera, Via Panoramica 13, Tel. 036 52 20 71, www.mcsystem.it/agritur, pignino@mcsystem.it, günstig.
Wohnen oder campen auf einem Bauernhof oberhalb von Salò: Hier kann man den Wohnwagen abstellen oder sich im einfachen Haus einmieten.
Duomo: Lungolago Zanardelli 91, Tel. 036 52 10 26, moderat.
Modernes Hotel, Zimmer mit Seeblick und Balkon.
Romantik Hotel Laurin: Viale Landi 9, Tel. 036 52 20 22, Fax 036 52 23 82, www.laurinsalo. com, laurinbs@tin.it, Luxus.
Sehr schönes Hotel im Art deco-Stil am Stadtrand von Salò; mit Pool und alten Bäumen in einem schönen Garten gelegen.

Replay Café: Piazza Vittorio Emanuele 31, günstig.
Im Stil eines amerikanischen Diners eingerichtetes Frühstückscafé.
Il Gallo rosso: Via Tomacelli 4, Tel. 03 65 52 07 57, moderat.
In der Trattoria wird vorrangig regionale Küche angeboten, aber es gibt auch Meeresfisch-Gerichte.
Osteria dell'Orologio: Via Butturini 26, Tel. 03 65 29 01 58, Mi geschl., moderat.
In der Osteria speist man vorzüglich, rustikal sitzt man im Erdgeschoss, an alten Tischen im ersten Stock.
La Campagnola: Via Brunati 11, Tel. 036 52 21 53, gehoben.
Eines der bekanntesten Restaurants der Region. Beliebt sind Angelo del Bons frische Seefische wie Felchen, Forellen und Sprotten; ansonsten Mousse vom Hecht, gegrilltes Lamm und *pasta* in allen Variationen – nur die Wahl fällt

Salò

schwer, auch bei der umfangreichen Weinkarte. Unbedingt reservieren!

Pasticceria Vassalli: Via San Carlo 90 (Mi geschl.) und Lungolago Zanardelli 14.
Die traditionsreiche Konditorei der Familie Vassalli stellt noch einige Spezialitäten nach alten Rezepten her, so *lemoncelli*, Kekse mit fruchtigem Zitronengeschmack, und die *cedrina*, einen Limonenlikör.

New Port:
Piazza Vittorio Emanuele 12.
Klimatisierter Klamottenladen – coole Mode für heiße Tage, für das jüngere Publikum.

Absolut: am Seeufer, in der Bucht gegenüber der Seepromenade.
Nachts ist die Diskothek nicht zu verfehlen, ihre Laserstrahlen schießen durch den dunklen Himmel. Vor 1 Uhr braucht man gar nicht zu kommen, aber nach 2 Uhr werden die Parkplätze knapp.

Busbahnhof in der Via Brunati, regelmäßiger Linienverkehr am See entlang.
Linienschiffe Richtung Peschiera, Desenzano und Riva, Anlegestelle der Navigazione sul Lago di Garda.

Sirmione

Lage: C 11
Einwohner: 5600
Extra-Tour 4: s. S. 91

Die Lage ist unvergleichlich: auf einer markanten Halbinsel, die wie ein langer Sporn in den Gardasee ragt. Aufgrund seiner außergewöhnlichen Lage – die Altstadt kann nur über eine Fußgängerbrücke beim Skaligerkastell betreten werden – zieht Sirmione viele Besucher an und ist deswegen manchmal hoffnungslos überlaufen. So muss man sich erst an zahllosen Pizza-Ständen und Eis-Verkäufern vorbeikämpfen, um ins autofreie Herz der Altstadt vorzudringen.

Schon in der Römerzeit war Sirmione als Heilbad bekannt: Seine über 60 °C heißen schwefelhaltigen Quellen entspringen dem Seeboden. Das Heilwasser soll bei Erkrankungen der Atemwege sowie bei rheumatischen Leiden helfen. Im 13. Jh. erbauten die Skaliger, das Herrschergeschlecht aus Verona, die Wasserburg auf römischen Fundamenten innerhalb der Ringmauern. 1404 fiel Sirmione an das Veneto, seit 1861 gehört der Ort zur Provinz Brescia, also zur Lombardei.

Skaligerburg: April–Sept. Di–Sa 9–20 Uhr, im Winter So 9–13 Uhr.
Steigt man die 146 Stufen in der Festung hinauf, hat man einen schönen Blick auf Altstadt, See und die Grotten.
Santa Anna: Die Kirche stammt aus dem 14. Jh. und befindet sich innerhalb der Mauern des Kastells, mit Fresken aus dem 15. und einer barocken Ausstattung aus dem 17. Jh.
Santa Maria Maggiore: Die gotische Pfarrkiche wurde im 18. Jh innen barock ausgestattet, Fresken aus dem 15. Jh. blieben erhalten.
Grotten des Catull:
März–Sept. Di–So 9–18 Uhr, Okt.–Feb. Di–So 9–16 Uhr.
Die Reste einer römischen Villa werden seit dem 15. Jh. ›Grotten des Catull‹ genannt. Ob der römi

Orte von A bis Z **Sirmione**

Am Lido von Sirmione: sehen und gesehen werden

sche Dichter je hier war, ist fraglich. Da er aber über die Halbinsel schrieb (»Sei gegrüßt, oh wunderschönes Sirmione«), hat sich der Name erhalten. Der heutige Einlass war ursprünglich ein Fenster, von dort kommt man zum doppelreihigen, gedeckten Wandelgang.
San Pietro in Mavino: Die kleine romanische Kirche liegt reizvoll auf dem gleichnamigen Olivenhügel in der Altstadt.

Museen
Antiquarium:
Di–Sa 8.30–19 (Winter bis 16.30) Uhr, So 9–18 Uhr, Mo geschl.
Das Museum der Grotten des Catull präsentiert in einem Neubau auf dem Ausgrabungsgelände hervorragend die Fundstücke, u. a. Freskenreste mit Darstellungen von Gardaseebooten. Auf den Info-Tafeln (auch in deutsch) bekommt man einen guten Einblick in die Frühgeschichte des Sees.

Lido delle Bionde: Freier, großer Kiesstrand mit flachem Wasser, am nordöstlichen Ende der Halbinsel.

Direkt hinter der Skaligerburg: Kleine freie Kiesstrände ziehen sich am Südufer in Richtung Peschiera hin.

Stabilimento Termale Catullo: Via Staffalo, Tel. 030 91 60 44, April–Okt. Thermalbad, Informationen über Terme e Grandi Alberghi, Piazza Castello 12, Tel. 030 91 60 41.
Stabilimento Termale Virgilio: Via Alfieri, Tel. 03 09 90 69 61, März–Nov.
Thermalbad, Informationen s. o.
Bisoli: Via XXV. Aprile 29, Tel. 030 91 60 88.
Wasserski.
Centro Surf Sirmione:
Lido Brema, Tel. 033 86 24 36 50.
Windsurf-, Segel- und Kajakkurse und Materialverleih.
Adventure Sprint:
Via Brescia 9, Tel. 030 91 90 00.
Motorroller- und Fahrradverleih.

APT: Viale Marconi 2, Tel. 030 91 61 14, Mo–Sa 9–13, 15–18 Uhr.

Sirmione
Orte von A bis Z

Al Progresso: Via Vittorio Emanuele 18, Tel. 030 91 61 08, günstig.
Kleines, familiäres Hotel mitten in der Altstadt; nur acht Zimmer.
Catullo: Piazza Flaminia 7, Tel. 03 09 90 58 11, Fax 030 91 64 44, teuer.
Elegantes Hotel mit Seeblick und Privatstrand mit Liegewiese; eines der ältesten Hotels in Sirmione.
Grand Hotel Terme: Viale Marconi 7, Tel. 030 91 62 61, Fax 030 91 65 68, ght@termedisirmione.com, Luxus.
Das Fünf-Sterne-Hotel direkt am Skaligerkastell feiert 1998 seinen 100. Geburtstag, ein echtes Grandhotel der Jahrhundertwende also, entstanden in den frühen Jahren des Bädertourismus.

The Garda Village: Colombare, Via Coorti Romane, Tel. 03 09 90 45 52, Fax 03 09 90 45 60.
Östlich der Halbinsel gelegener, komfortabel ausgestatteter Campingplatz, mit Badestrand.
Sirmione: Colombare, Via Sirmioncino 9, Tel. 03 09 90 46 65.
Campingplatz mit Badestrand in Reichweite der Altstadt.

Dogana: Lugana di Sirmione, Via Verona 149, Tel. 030 91 90 26, moderat.
Im Gebäude des ehemaligen österreichischen Grenzpostens *(dogana)* serviert der Küchenchef hauptsächlich Fisch, darunter Risotto mit Gardasee-Forelle, aber auch Pizza.
Piccolo Castello: Via Dante 7, moderat.
Franco Bettinazzi trotzt mit seinem kleinen Restaurant den Imbissbuden der Altstadt, mit Blick auf die Burg, Spezialität Fisch.
Signori: Via Romagnoli 23, Tel. 030 91 60 17, gehoben.
Als Spezialität werden abwechselnd ›Hügel‹- und ›See‹-Menüs angeboten.
Vecchia Lugana: SS 11 Ri. Verona, am See, Tel. 030 91 90 12, Mo geschl., gehoben.
Das Feinschmeckerlokal von Pierantonio Ambrosi zählt zu den Klassikern am Südufer. Spezialität sind die Gardaseefische, sowohl als Füllung für Ravioli als auch mit Basilikum und Bohnen. Reservieren!

Giulio Morelli: Via Vittorio Emanuele 64.
Traditionelles italienisches Kunsthandwerk, originelle Keramikware.
Al Capanno: Via Vittorio Emanuele 48.
Weine und Spirituosen in originellen Flaschen.
Markt: Jeden Fr in Sirmione am Piazzale Montbaldo, jeden Mo in Colombare an der Piazza Mercato.

In der **Via Vittorio Emanuele** flanieren Nachtschwärmer von einer Bar zur anderen.
Platinum: an der Autobahnausfahrt Sirmione, Tel. 03 09 91 03 19. Gay-Disco, nur Fr und Sa ab Mitternacht, superschick gekleidetes Publikum.

Linienboote zu den wichtigen Orten am See. **Busse** von und nach Desenzano.

Tórbole

Lage: H 2
Einwohner: 2300
Extra-Touren 1 und 3: s. S. 84, 88

Die Gemeinde Tórbole-Nago am nördlichsten Zipfel des Gardasees

Orte von A bis Z — **Tórbole**

gehört zum Trentino. Ein einzigartiger Blick öffnet sich vom Parkplatz der Marmitte dei Giganti (eiszeitliche Gletscherhöhlen), in einer Straßenkurve unterhalb von Nago. Wie schon Geheimrat Goethe über Tórbole notierte: »Man übersieht den See beinah in seiner ganzen Länge, nur am Ende links entwendet er sich unsern Augen. Das Ufer, auf beiden Seiten von Hügeln und Bergen eingefasst, glänzt von unzähligen kleinen Ortschaften.«

Mit dem Bau der östlichen *Gardesana* 1929 bekam Tórbole seine Seepromenade. Vor allem unter Surfern ist der Ort berühmt; wenn die regelmäßigen Winde einsetzen, hebt täglich ein großes Spektakel an: Die Sportler stürzen sich auf den See, und vom Ufer aus kann man ihnen bewundernd beim Gleiten durch das Wasser zusehen. Da die Surfer den größten Anteil an Urlaubern in Tórbole stellen, hört man auch abends in den Restaurants und Pubs nur ein Thema: Surfen, Bretter, Wind.

San Vigilio: Die Pfarrkirche in Nago wurde 1194 erstmals erwähnt, aus dieser Zeit stammt noch der Turm mit den Biforien, den durch eine kleine Säule zweigeteilten Fenstern. Das Portal ist von 1569.

Casa Beust: Das rot gestrichene Haus am Hafen von Tórbole ist ein ehemaliger Künstlertreff, in dem der deutsche Maler H. Lieztmann um die Wende zum 19. Jh. eine Schule für Aktmalerei gründete. Ein Fresko Lietzmanns am Haus zeigt den hl. Antonius.

Piazza Vittorio Veneto: Eine kleine Gedenktafel weist auf den Aufenthalt Goethes am Gardasee hin.

Sant'Andrea: Die Pfarrkirche, 1175 das erste Mal erwähnt, wurde in der Barockzeit erneuert. Im 1715 entstandenen Neubau ist das Altarbild ›Martyrium des hl. Andreas‹ von Giambettino Cignaroli aus dem Jahr 1741 sehenswert.

Altstadt: Kleiner, freier Kiesstrand.

Südlich der Altstadt: Ein weiterer Kiesstrand bei den ersten Tunnels; dort kann man den Kletterern an den steilen Wänden direkt überm See zusehen.

Conca d'oro: am südlichen Ortsausgang, Tel. 04 64 50 62 51, www.TheX.it/conca, Conca@TheX.it.
Surfkurse für Anfänger und Fortgeschrittene, Brettverleih.

David Art & Magic:
Tel. 033 55 36 70 82,
Ort und Termin nach telefonischer Vereinbarung. Malkurse.

Carpentari Sport: Via Matteotti, Tel. 04 64 50 55 00.
Cuty Bikes und Mountainbikes.

3-S Bike Scott Tour and Test Center: Via Matteotti 25b, Tel. 04 64 50 60 77.
Mountainbikes und geführte Touren.

Autovetro, Via Matteotti 2, Tel. 04 64 55 35 50.
Vespaverleih.

Canyon Adventures:
c/o Travel Agency Flipper, Via Matteotti 22, Tel. 04 64 50 50 72, Fax 04 64 50 56 47,
www.garda.com/flipper.
Canyoning-Ausflüge.

Monte Brione: Auf den mächtigen Kalkriegel zwischen Tórbole und Riva führen einige Wanderwege hinauf. Diesen wohl eigentümlichsten Aussichts-

67

Tórbole

Orte von A bis Z

Bei Windstille sieht Tórbole gar nicht nach Surferparadies aus

platz über dem Gardasee bekrönt ein Bunker, den 1860 die Österreicher bauten, zu deren Kaiserreich das Nordufer gehörte.

APT:
Via Lungolago Verona 19,
Tel. 04 64 50 51 77,
aptgarda@anthesi.com,
Mo–Sa 9–13, 15–18 Uhr.

Casa Nataly:
Piazza Alpini 10,
Tel. 04 64 50 53 41,
Fax 04 64 50 62 23, günstig.

In der Frühstückspension nahe am See fühlt sich vor allem junges Publikum wohl.
Centrale: Piazza Vittorio Veneto, Tel. 04 64 50 52 34, Fax 04 64 50 61 50, moderat. Stadtpalazzo im verkehrsberuhigten Zentrum von Tórbole, Zimmer mit Blick auf die Piazza Vittorio Veneto und auf das Goethe-Haus.
La Vela: Via Strada Grande 2, Tel. 04 64 50 59 40,
Fax 04 64 50 59 58, teuer.
Das Sporthotel vermietet auch Ferienwohnungen. Das gesamt

Orte von A bis Z **Tórbole**

mbiente – Swimmingpool, Wassermassage, Sauna – richtet sich n Surfer, die sich ein bisschen verwöhnen lassen wollen.

iccolo Mondo:
ia Matteotti,
el. 04 64 50 52 71, teuer.
nterhalb des Monte Brione liegt eses feine kleine Hotel mit chönheitsfarm, Fitnessraum und ennisplatz.

Europa: Tel. 04 64 50 58 88. Am See.
l Porto: Tel. 04 64 50 58 91. m See.

Al Rustico:
Via Strada Grande 41,
Tel. 04 64 50 55 32, günstig.
Die Trattoria liegt im Grünen, etwas außerhalb Tórboles in Richtung Arco. Man isst in den kleinen Räumen oder unter Weinranken lokale Gerichte, einfach aber gut.

Rosticceria Pic-Nic:
Via delle Scuole, günstig.
Pizza vom Blech; für den kleinen Hunger zwischendurch.

La Terrazza: Via Benaco 14,
Tel. 04 64 50 60 83, gehoben.
Auf der windgeschützten Terrasse mit Blick auf die Surferarmada

Tórbole

speist man Fische aus dem See. *Pasta*-Gerichte ca. 12 000 ltl.

Hotel Centrale: Piazza V. Veneto.
Die Surferszene trifft sich am Abend an den Straßentischen zu leckeren Milkshakes mit frischem Obst.

TórboleJazz: Umsonst und draußen. Dreitägiges Jazzfestival im Juli, Programminfo beim Fremdenverkehrsamt und unter: www.trentino.com/TórboleJazz im Internet.

My Way: Piazza Vittorio Veneto.
Sportbekleidung.
Cose belle:
Piazza Vittorio Veneto.
Schmuck und ausgefallene Lederwaren.
Luciano Morelli:
Via delle Scuole.
Schuhmode der besseren Art, Einzelpaare herabgesetzt.
Pescicoltura: Piazza Alpini.
Hübsches Kunsthandwerk, gehobene Preise.

Taxi: Tel. 04 64 50 51 22.
Der **Linienbus**, der entlang dem See fährt, hält mehrmals im Ort. Die Anlegestelle der **Linienschiffe** befindet sich am südöstlichen Ortsende, Richtung Malcésine, am Lungolago Verona.

Torri del Benaco

Lage: D/E 8
Einwohner: 2600

Der Ortsname bezieht sich noch auf die alte lateinische Seebezeichnung: Benacus. 888 wurde der Markgraf von Friaul als Berengar I. zum König von Italien gekrönt. 905 zog er von Verona nach Torri del Benaco, das er befestigen ließ. 915 krönte ihn Papst Johannes X. zum Kaiser. 1383 baute Antonio della Scala Berengars Befestigungen zur Skaligerburg um.

Die mächtige Burg beherrscht das Ortsbild, was sich besonders schön zeigt, wenn man mit der Fähre vom anderen Ufer auf Torri del Benaco zusteuert. Die adrette kleine Altstadt drängt sich um den Hafen und der Monte Baldo rückt etwas vom Seeufer weg. So zählt Torri zu den beliebten Touristenorten, wenngleich es nicht so überlaufen ist wie die berühmteren Nachbarn. Im Ortsteil San Zeno di Montagna quartieren sich im Winter die Skiläufer ein.

Skaligerburg: Di–So 9.30– 13 Uhr, 16.30–20 Uhr.
In den Räumen der Burg dokumentiert ein Museum die Felszeichnungen der Umgebung sowie die Binnenschiffahrt und die Olivenverarbeitung.
SS. Trinità: Piazza Calderini.
Die kleine Kirche am Hafen birgt Fresken der Giotto-Schule.
SS. Pietro e Paolo: In der Barockkirche fällt besonders die kostbare Orgel von 1744 auf. Außerdem die Bronzestatue des ehemaligen Pfarrers Giuseppe Nascimbeni der 1988 seliggesprochen wurde. Nascimbeni gründete den karitativen Schwesternorden Suore della Sacra Famiglia.
Albisano: Vor der Kirche gibt es einen reizenden kleinen Aussichtsplatz mit Bänken im Schatten.

Südlich von Torri: Die Kiesstrände kann man zu Fuß erreichen, einige Weiden spenden Schatten.

Orte von A bis Z **Torri del Benaco**

Nördlich von Torri: Der Kiesstreifen ist recht schmal, das Ufer steil. Viele Badegelegenheiten bis Brenzone.

Lido Bagni Brancolino: 1 km nördlich der Punta San Vigilio, kleiner Kiesstrand mit Liegestuhlverleih (6000 Itl.), Bar und kleinem Parkplatz.

Felsgravuren: Bei Crero, einem kleinen Weiler zwischen Pai und Torri del Benaco, kann man einige Felsgravuren entdecken. Man geht im Wald in Crero etwa 10 Min. bergauf, an einem Baum steht dann in weißer Farbe ›Rupestri‹. Nach weiteren 10 Min. kommt man zu den nicht besonders markanten Felsritzungen. Ein Mühlespiel ist gut zu erkennen, ebenfalls einige Strichmännchen, die jedoch nicht aus der prähistorischen Epoche stammen, sondern aus dem Mittelalter.

APT: Viale F.lli Lavanda 22, Tel. 04 57 22 51 20, Fax 045 62 96 48, Mo–Sa 9–13, 15–18 Uhr.

Gardesana: Piazza Calderini 20, Tel. 04 57 22 54 11, Fax 04 57 22 57 71, teuer.
Man logiert im wunderschönen Palazzo dei Capitani, dem ursprünglichen Rathaus. Die feine Adresse lockte auch schon André Gide und Horst Tappert, Vivien Leigh und Beniamino Gigli an. Im Lokal speist man edel.

Radisson Le Torri del Garda: Albisano, Via Bardino,

Die Skaligerburg beherrscht die Skyline von Torri del Benaco

Torri del Benaco

Orte von A bis Z

...und hinter dem See locken die Berge

Tel. 04 56 29 67 55, www.radissonsas.com/lakegarda.it, teuer.
Die große Hotelanlage mit Apartments oberhalb des Sees lockt mit einem großen, nierenförmigen Pool und gediegenem Luxus.

Ai Salici, Tel. 04 57 26 00 92; im Ortsteil Pai.
Olivetti, Tel. 04 57 22 55 22; nahe dem Zentrum.

Paninoteca La regata: Seepromenade, günstig.
Man sitzt unter der schattigen Markise und verdrückt *tramezzini* (Toasts) oder Sandwiches.
Pizzeria Le Tavernette: Albisano, Via Corrubbio 12, günstig. Preiswerte Pizza.

Panorama: Albisano, Via San Zeno 9, Tel. 04 57 22 51 02, moderat.
Wenn man abends auf der Terrasse speist, weiß man den Namen des Restaurants zu würdigen: Das Panorama ist unvergleichlich, man sitzt oberhalb von Torri und sieht wunderbar die Lichterketten des gegenüberliegenden Ufers.
Al Caval: Via Gardesana 186, Tel. 04 57 22 56 66, gehoben.
Isidoro Consolinis innovative Küche nimmt zwar Bezug auf die Kochtraditionen der Gardasee-Region, mischt aber die Zutaten neu. Da gibt es Gardasse-Forelle im Spinatbett, Aalsalat mit Balsamico oder Forellenfilet mit Fenchel und Limonensauce.

Orte von A bis Z **Toscolano-Maderno**

jenigen, die zu heißen Tagen und schwülen Nächten laute Musik und viel Trubel mögen. Di Tanzabend, Do Live-Musik, Mi, Fr und Sa Disco.

Der **Linienbus**, der entlang des Sees fährt, hält mehrmals in Torri und in Pai.
Die Anlegestelle der **Linienschiffe** befindet sich im alten Hafen mitten in der Altstadt von Torri, ein weiterer Halt ist in Pai.

Toscolano-Maderno

Lage: C/D 7
Einwohner: 6900

Der aus den zwei Gemeinden Toscolano und Maderno zusammengewachsene Ort breitet sich auf dem breiten Schwemmlandkegel des Toscolano-Baches am Westufer des Gardasees aus. Hier endet die *Via delle Cartiere,* die Straße der Papierfabriken. Schon in der zweiten Hälfte des 14. Jh. belieferten die Papiermühlen im Toscolanotal venezianische Druckereien. Im 16. Jh. wurden die Büttenbögen bis in den Orient exportiert. Je weiter man in das Tal kommt, desto schlechter ist der Zustand der z. T. schon im 19. Jh. aufgegebenen Fabrikgebäude. Die einzige, heute noch betriebene Papiermühle Toscolanos liegt am See.

Vor der Zusammenlegung der beiden Rathäuser Anfang des 20. Jh. wurde der Dichter Gabriele D'Annunzio gebeten, einen passenden Namen für die neue Gemeinde zu erfinden. Er ersann ›Benacone‹, in bezug auf Benacus, den alten Namen des Sees. Doch mit der plumpen Neuschöpfung wollte sich niemand anfreunden,

Arte italiana:
Via C. Battisti 4.
Lisa Benetti verkauft außergewöhnliche Keramik. Hier kommt ein Souvenir vielleicht etwas teurer, dafür hat man aber nicht die übliche Massenware, die man sonst am ganzen See findet.
Antichitá Franco Costantini: Altstadt, Tel. 04 56 29 01 37.
Große Auswahl an Antiquitäten. Der Besitzer fertigt außerdem Tische nach Maß an.
Antiquitäten- und Kunstgewerbemarkt: Jeden Mi abends in der Altstadt.
Markt: Mo in der Altstadt.

Lido Club: Via Marconi 4.
Tag und Nacht treffen sich hier an Strand und Strandbar die-

Toscolano-Maderno

Orte von A bis Z

es blieb beim Doppelnamen Toscolano-Maderno.

Sant'Andrea Apostolo: 8–11.30, 15.30–19 Uhr.
Die kleine Kirche (1130–50) in Maderno ist unbedingt sehenswert, obwohl an ihr ununterbrochen der Verkehr vorbeirauscht. Rosa, grau und weiß gestreift bietet das Kleinod schon von weitem einen schönen Anblick, besonders bemerkenswert sind die langobardisch-romanischen Details am Portal. Flechtornamente, Früchte und Blattranken zeugen von der hohen Steinmetzkunst der frühen Meister. Beim Eintreten in die Kirche hört man leise Musik vom Band. Etwas kitschig, aber durchaus dazu geeignet, eine sakrale Stimmung zu erzeugen.

Lido di Toscolano: Via Lungolago Zanardelli, großer freier Strand, viel Schatten.
Lido degli Ulivi: in Toscolano, gut ausgeschildert, sehr großer freier Kiesstrand.
Lido di Maderno: ein schönes Badegelände mit Kies und Schatten, Kabinen, Liegestühle, Sonnenschirme, 4000 Itl. Eintritt.

Wenn es regnet

Im kleinen Café an der alten Brücke in Toscolano kann man beim Zeitunglesen auch mal einen Nachmittag verbringen. Bar Ponte Vecchio: Largo Matteotti 12, Toscolano.

Valle delle Cartiere (C 7):
Die Wanderung ins Papiermühlental beginnt auf der *Gardesana* an der Abzweigung der Straße nach Gaino. Dort fallen auf dem Gehsteig zwei große *molazze*, ›Mahlsteine‹, auf, mit denen früher Lumpen zermalmt wurden, der Rohstoff der Papierfabrikation. Im Tal lädt ein Freizeitpark zum Verweilen ein, die Ausstellung im Museum erläutert die traditionelle Papierherstellung. Schöne Picknickplätze am Flüsschen und ein Pfadfinderlager in bester Abenteurerlandschaft.

APT: Via Lungolago 18, Tel./Fax 03 65 64 13 30, Mo–Sa 9–13, 15–18 Uhr.

Albergo Cavallino: Cecina, Tel./Fax 03 65 64 31 64, günstig.
Das einfache Hotel, ein kleiner Neubau, liegt im oberhalb von Toscolano gelegenen Ortsteil Cecina. Ruhiger Garten und gleich daneben ein Golfplatz.
Hotel Milano: Lungolago, Zanardelli 12, Tel. 03 65 54 05 95, Fax 03 65 64 12 23, moderat.
Nach der Renovierung wohnt man vor allem im alten Teil des Hotels ganz wunderschön, außerdem verfügt das Haus über einen Swimmingpool – am See eine Rarität.
Grandhotel Maderno: Gardesana, Tel. 03 65 64 10 70, Fax 03 65 64 42 77, www.gardalake.it/hotel-maderno, hotel-maderno@gardalake.it, teuer.
Leicht verstaubtes Grandhotel, Auffahrt mit Kiesweg und Palmenrondell, Terrasse mit Swimmingpool, große Zimmer.

Chiaro di Luna: Via Statale 218, Tel./Fax 03 65 64 11 79.

Orte von A bis Z   **Tremósine**

Nördlich des Ortes; der Platz liegt direkt am Strand. Zahlreiche Olivenbäume spenden kühlen Schatten.

Ohsawa: Maderno, Via f.lli Bianchi, Tel. 03 65 54 08 60, Mo geschl., günstig.
Vegetarisches und makrobiotisches Restaurant, asiatisch angehauchte Atmosphäre.
Da Sandro: Toscolano, Via Puccini 12, in der Nebensaison Mo geschl., moderat.
Fischrestaurant mit angemessenen Preisen in einem ruhigen Wohnviertel.
San Marco: Maderno, Piazza San Marco, Tel./Fax 03 65 54 03 63, gehoben.
Gediegenes Restaurant unweit des Sees, Mitglied der Slowfood-Bewegung, die gegründet wurde, als in Rom der erste Fast-Food-Imbiss eröffnete. Der Koch hat sich ganz der regionalen Küche verschrieben: Gardasee-Felchen statt Grönland-Krabben, Marzemmino statt Chianti.
Trattoria San Carlo: Toscolano, Via Trento 200, Di geschl., gehoben.
Ausgesucht feine Küche, täglich wechselnde kleine Karte.

Aiani: Toscolano, Via Porto 1.
Designermöbel und Lampen sind hier in großzügigen Räumen ausgestellt; die Einfahrt liegt etwas versteckt in der Kurve.
Markt: Jeden Do in Toscolano direkt an der Hauptstraße.

Festa di San Pietro e Paolo: Dreitägiges Straßenfest zu Ehren der Heiligen Peter und Paul in Toscolano mit Theater, Ausstellungen und Markt (Ende Juni).

Taxi: Tel. 03 65 64 13 03.
Die regelmäßig verkehrenden **Linienbusse** halten mehrmals in Maderno und Toscolano. Richtung Peschiera, Desenzano und Riva regelmäßiger **Schiffsverkehr,** Anlegestelle der Navigazione sul Lago di Garda in Maderno. Tagsüber pendelt zwischen Maderno und Torri del Benaco am gegenüberliegenden Ufer etwa stündlich die **Autofähre** hin und her.

Tremósine

Lage: F 4
Einwohner: 1900

Tremósine heißt der Zusammenschluss von fast 20 kleinen und kleinsten Ansiedlungen am Westufer zwischen Limone und Gargnano. Campione del Garda war früher eine Industriesiedlung, neben der Fabrik stehen heute noch die kleinen Arbeiterhäuser. Mit einer Büste am Kirchenvorplatz ehrt die Gemeinde Vittorio Olcese, der Ende des 19. Jh. die Baumwollfabrik und die Siedlung gründete. Lange gab es Pläne, die verfallende Fabrikanlage in ein Luxus-Ferienresort umzuwandeln. Da jedoch bis heute nichts davon zu sehen ist, scheint man sich von diesen verabschiedet zu haben. Am freien Strand tummeln sich Surfer und Segler. Hinter dem Ort, der auf einer schmalen Kiesbank liegt, steigen Felswände senkrecht empor.

Pieve ist der Hauptort von Tremósine, es hat eine hübsche Fußgängerzone, viele Häuser stehen atemberaubend am Abgrund. Eine aufregend steile Straße durch den Val Brasa führt von Pieve an den See hinunter. Vor fast 100 Jahren überzeugte Don Giacomo

Tremósine

Orte von A bis Z

Das Albergo da Tonino in Campione: einfach aber farbenfroh

Zanini, Pfarrer in Vesio, seine Mitbürger davon, diese Straße zu bauen. Denn direkt unterhalb von Pieve lag der Hafen, der die Verbindung zur Welt darstellte. Doch ans Seeufer führte bis dahin nur ein mühsamer Fußweg. Mit staatlicher Unterstützung wurde die Straße in die Brasa-Schlucht hineinkonstruiert und am 18. Mai 1913 eingeweiht.

San Giovanni Battista: Die Pfarrkirche von Pieve ist ein Bau aus dem 18. Jh., von der romanischen Vorgängerkirche steht nur noch der Glockenturm. Im Innenraum sind ein Altarbild von A. Celesti und Apsisfresken aus dem 16. Jh. zu sehen.

Campione (F 5): Am freien Strand tummeln sich die Surfer.

Garda Yachting Charter: Campione del Garda, Tel. 03 65 91 60 18, www.gyc.it, gyc@mail.gyc.it.

Bootsverkauf, Bootsverleih und Segelkurse.

Santuario di Montecastello (E 5): Tignale, Tel. 03 65 73 0 19; 19. März–31. Okt. tgl. 9–18 Uhr. Barockisierte Marienwallfahrtskirche aus dem 13.–15. Jh. an der Stelle eines vorchristlichen Tempels, der um 400 von Bischof San Vigilio zur Kirche geweiht wurde. Das Gotteshaus thront auf einem steilen Felsen hoch über dem See. Hinter dem Hochaltar befindet sich, durch Glas geschützt, die *Casa Santa*, eine aus dem Felsen geschlagene Kapelle für das Marienbild, das in ein Fresko aus der Schule Giottos integriert ist.

Associazione Pro Loco: Pieve, Piazza Marconi, Tel. 03 65 95 31 85.

Albergo Castello: Tignale, Via Castello 16, Tel./Fax 036 57 30 41, günstig. Die beiden Brüder Fabrizio und Paolo Berlanda haben das Hotel

Orte von A bis Z   **Tremósine**

in den Mauern einer mittelalterlichen Burg restauriert.
Albergo da Tonino: Campione, Tel./Fax 03 65 91 60 02, günstig. In dem vernachlässigten Hotel ist fast immer ein Bett frei. Sehr einfach, Jugendherbergsatmosphäre.
Gallo: Tignale, Via Roma 30, Tel. 036 57 30 10, Fax 036 57 32 30, günstig. Einfaches Hotel, im Restaurant Hausmannskost.
Miralago: Pieve, Tel. 03 65 95 30 01, Fax 03 65 95 30 46, moderat. Der Name *Miralago* (›Seeblick‹) bezieht sich auf die herrliche Aussicht: Man logiert direkt an der steilen Abbruchkante des Hochplateaus.
Paradiso: Pieve, Tel. 03 65 95 30 12, Fax 03 65 91 80 90, moderat. Die sogenannte Schauderterrasse ist berühmt: Man blickt einige hundert Meter tiefer auf den See; mit Pool und Tennisanlage.

Al Torchio: Tignale, Via Europa, günstig. Einfache Pizzeria, drinnen sitzt man gemütlicher als draußen.
Schauderterrassen-Restaurants: Einige Restaurants in Pieve werben mit dem Slogan ›Schauderterrasse‹. Die Außenplätze liegen direkt überm See. Kulinarisch weniger interessant, aber für einen Cappuccino zu empfehlen.

Der **Strandparkplatz** mit Wasseranschluss in Campione hat sich als Wohnmobil-Treffpunkt herumgesprochen (18 000 itl./Tag).

Essere: Tignale, Via Roma 2. Exklusive Damenmode.

Linienbusverbindung von und nach Riva und Brescia.

Wacht am See: Montecastello

77

Ausflüge

Verona

Alle Orte am Gardasee sind Dörfer. Das merkt man, sobald man nach Verona (Umgebungskarte und Stadtplan s. Rückseite des Faltplans) fährt. Denn Verona ist tatsächlich eine richtige, zudem typisch italienische Stadt, mit 250 000 Einwohnern und mit allen Vor- und Nachteilen: mit pulsierendem Leben und Parkplatznöten, Menschenmengen in der Altstadt und allerfeinsten Shoppingadressen, Nepp-Preisen in den Lokalen nahe der Arena und allerbester Küche in den Seitengassen. Verona war schon bei den Römern ein bedeutendes Zentrum, seine Lage am Ende des wichtigen und leicht passierbaren Alpenpasses über den Brenner prädestinierte es dazu. So trafen sich hier drei römische Straßen: die Via Claudia aus dem Norden, die Via Postumia aus dem Osten und die Via Gallia aus dem Westen. Letztere ist bis heute in ihrer Anlage erhalten und führt als schnurgerade Ahornallee von Peschiera nach Verona – sicher die schönste Anfahrtsstrecke zur Stadt an den zwei weiten Etsch-Schleifen.

Aus der Römerzeit stammt denn auch das bekannteste Gebäude von Verona: die Arena. Sie kann tagsüber besichtigt werden, in vollem Glanz erstrahlt sie aber abends, bei den berühmten Operninszenierungen. Bei der ersten Premiere am 10. August 1913, Giuseppe Verdis 100. Geburtstag, wurde die ›Aida‹ aufgeführt. Allerhöchsten Musikgenuss

Sparen

Die Verona-Card gilt einen Tag und ermäßigt den Eintritt einiger Museen. Sie wird nur im Sommer ausgegeben. Mit der ViviVerona-Card erhalten Touristen Preiserlasse bei Bus- und Schiffsfahrten auf dem Gardasee, sowie bei der Zugfahrt von Desenzano nach Verona. Beide Karten sind beim Fremdenverkehrsamt erhältlich.

Verona

Touristisches Pflichtprogramm: die Arena von Verona

dürfen Opernfreunde allerdings nicht erwarten, doch ist ein Abend in der Arena ein Spektakel, das man sich einmal gönnen sollte. Gigantische Bühnenbilder und Massenszenen auf der Bühne ziehen die Aufmerksamkeit auf sich. Doch auf den Rängen geht es mindestens ebenso turbulent zu: 25 000 Zuschauer passen in das Oval, und so konkurrieren schmetternde Tenöre mit Kissenverkäufern, die ihre Polster anpreisen. Opernarien, Rotwein und Picknickkörbe – diese Mischung setzt jedem Verona-Besuch die Krone auf.

Arena di Verona:
Piazza Brà, Di–So 9–19 Uhr,
bei Opernaufführungen
bis 15.30 Uhr, Mo geschl.
Das römische Amphitheater, errichtet im 1. Jh., wurde durch mehrere Erdbeben im 12. Jh. stark beschädigt. Von der imposanten Außenmauer stehen nur noch vier Arkaden.

San Zeno Maggiore:
Piazza Corubbio,
Mo–Sa 8.30–19 Uhr,
So 13–19 Uhr.
Die Kirche des hl. Zeno gilt als die Lieblingskirche der Veroneser. Gegen Ende der römischen Herrschaft wurde der Schwarzafrikaner Bischof, er starb im Jahr 380. Über seinem Grab errichtete man im 5. Jh. die erste Kirche, seine Gebeine ruhen in der Krypta. Links vom Altar steht eine bemalte Marmorgestalt mit einem ungewöhnlichen Gesichtsausdruck: Der hl. Zeno lächelt.

Castelvecchio: Die mächtige ziegelrote Skaligerburg, das größte Bauwerk der Skaligerzeit, entstand 1354. Die gewaltige Brücke über die Etsch wurde 1945 gesprengt, danach originalgetreu wieder aufgebaut.

Casa Capuleti:
Via Cappello 23,
Tel. 04 58 03 43 03,
Di–So 9–19 Uhr, Mo geschl.
In der Via Cappello ist die Casa Capuleti, wie das Haus der Julia offiziell heißt, praktisch nicht zu verfehlen, ständig drängen Menschen in den kleinen Innenhof, um nur einmal unter dem Balkon der Julia zu stehen oder die rechte Brust der Julia-Statue zu berühren, was angeblich (Liebes-)Glück bringen soll. Inspirationsquelle für die tragische Liebesgeschichte waren zwei italienische Novellen, Shakes-

peare strickte daraus sein berühmtes Drama. Sehenswert ist auch das Haus, ein Patrizierpalast aus dem 14. Jh.

Piazza delle Erbe: Auf dem einstigen römischen Forum wird täglich ein Gemüsemarkt abgehalten, es gibt aber auch allerlei Krimskrams zu kaufen.

Torre dei Lamberti:
Palazzo del Comune,
Di–So 8–9 Uhr, Mo geschl.
Von dem Wehrturm des Palasts hat man einen sehr schönen Blick über die Stadt.

Sant'Anastasia: Via Sottoriva,
Di–So 9–18.30 Uhr, So ab 13 Uhr.
Die Dominikanerkirche wurde von 1290–1481 erbaut. Zu den Kostbarkeiten im Innenraum zählt das Fresko des hl. Georg von Pisanello.

Santa Maria Matricolare:
Dom, tgl. 8.30–18.30 Uhr.
Der *duomo*, ein monumentaler romanischer Bau, wurde im 15. Jh. innen gotisiert. Bemerkenswert sind die Fresken von Falconetto (1503).

Scavi Scaligeri: Piazza Viviani,
Tel. 04 58 00 74 90.
Auf dem Ausgrabungsgelände werden regelmäßig Fotoausstellungen des Centro Internazionale di Fotografia gezeigt.

Museo Africano: Missionari Comboniani, Via Vicolo Pozzo 1, Tel. 045 59 62 38, Mo geschl.
Das Museum wurde von der Mission der Comboniani eingerichtet, deren Gründer aus Limone stammt. Reichhaltige Sammlung von Kunst und Haushaltsgegenständen ganz Schwarzafrikas.

Idea Verona:
Via A. Provolo 16,
Tel. 04 58 01 53 52,
Fax 04 58 03 74 97,
www.ideaverona.com,
info@ideaverona.com

Kurse für italienische Sprache. Auf Wunsch werden die Schüler bei Familien untergebracht.

APT: Via Leoncini 61,
Tel. 045 59 28 28.
Piazza XXV. Aprile (Hauptbahnhof), Tel. 04 58 00 08 61, Fax 04 58 00 36 38, www.verona-apt.net, Mo–Sa 9–13, 15–18 Uhr.

Castello della Gioventú Villa Francescatti, Via Fontana del Ferro 15, Tel. 045 59 03 60, Fax 04 58 00 91 27, günstig. Jugendherberge.

Albergo Ciopeta:
Vicolo Teatro Filarmonico 2,
Tel. 04 58 00 68 43,
Fax 04 58 03 37 22, moderat.
Das einfache Hotel liegt mitten in der Altstadt.

Giulietta e Romeo: Vicolo Tre Marchetti 3, Tel. 04 58 00 35 54, Fax 04 58 01 08 62, teuer.
Im alten Palazzo logiert ein modernes Hotel, mitten in der Altstadt, unweit vom Haus der Julia, dessen Namen es ja auch trägt.

Gabbia d'Oro: Corso Porta Borsari 4A, Tel. 04 58 00 30 60, Fax 045 59 02 93, gabbiadoro@easynex.it, Luxus.
Traumhaftes Hotel in einem Altstadtpalazzo. Orangerie, Salons und antiquarisch möblierte Suiten.

Romeo e Giulietta:
Via Bresciana 54,
Tel. 04 58 51 02 43.
Campingplatz außerhalb der Innenstadt, im Vorort San Massimo.

Caffè Monaco:
Via Mazzini 12.
Hier trinkt die shoppingmüde Italienerin den Espresso im Stehen an der Bar, der Gatte gönnt sich ein Gläschen *piccolo bianco*, ein kleines Glas Weißwein.

Verona

Osteria Sgarzarie: Corte Sgarzarie 14/A, Tel. 04 58 00 03 12, Mo geschl., moderat.
Die Osteria an der Ecke zur Piazza Erbe bietet exzellente Küche zu adäquaten Preisen.
Pizzeria Cantore: Via Alberto Mario 2, Mi geschl., moderat.
Die Pizzeria in einer Nebengasse nahe der Arena ist günstiger als die Lokale an der Piazza Brà, der Service aber ähnlich ruppig.
Antico Caffè Dante:
Piazza dei Signori, gehoben.
Das alte Kaffeehaus stammt – deutlich sichtbar – aus der Habsburgerzeit. Darin untergebracht ist auch das gleichnamige renommierte Restaurant. Gehobene Veroneser Küche steht auf dem Speiseplan, Küchenchef Guido Morari betreibt auch das Nobelrestaurant Nuovo Marconi am selben schönen Platz.
Ristorante Maffei: Piazza Erbe 38, Tel. 04 58 01 00 15, gehoben.
Unter dem Restaurant befinden sich die Grundmauern eines römischen Tempels. Man sitzt – nahe am Trubel der Piazza Erbe – sehr ruhig und gediegen im Innenhof.
Trattoria Tre Marchetti:
Vicolo Tre Marchetti 19/B, Tel. 04 58 03 04 63, gehoben.
In der Trattoria von Paola und Roberto Barca wird Veroneser Küche serviert. Das Lokal zählt zu den besten und teuersten der Stadt, mehrfach ausgezeichnet von diversen Restaurantführern.

Die **Via Mazzini** führt zur Arena und ist Veronas schickste Promenier- und Einkaufsstraße.
Al Duca d'Aosta: Via Mazzini 31.
Vier Etagen Damen- und Herrenmode, exklusive Vertretung von DKNY, Polo Ralph Lauren, Jil Sander etc.

Stadtrundfahrt

Tgl. außer Mo startet um 10 Uhr, 11.40 Uhr und 15.30 Uhr an der Piazza Brà (Gran Guardia) eine Busrundfahrt durch das historische Zentrum und zu einem auf einem Hügel gelegenen Aussichtspunkt über der Stadt. Für 20 000 ltl. kann man anschließend den ganzen Tag die öffentlichen Busverbindungen nutzen.

Balloon: Vicolo Balena 3/c.
Bekleidung ausschließlich aus Seide, Baumwolle und Kashmir.
De Rossi ›Il Fornaio‹:
Corso Porta Borsari 3.
Frisches Brot in reicher Auswahl, ebenso hausgemachte *pasta*.
Mercato 3A: Piazza San Zeno, jeden dritten Sa im Monat.
Artigianato, Arte, Antiquario – Kunsthandwerk, Kunst und Antiquitäten.
Markt: Di und Fr vor San Zeno, Mi und Fr an der Porta Vescovo.

Opernfestspiele:
Kartenbüro: Via Dietro Anfiteatro 6/B, 37121 Verona, Tel. 04 58 00 51 51, Fax 04 58 01 32 87. www.arena.it
2001 wird die Saison am 29. Juni mit Verdis Requiem eröffnet und am 2. Sept. mit der Aida beendet.

Der **Flughafen** von Verona wird ganzjährig angeflogen. Am Bahnhofsvorplatz außerhalb der Altstadt starten die **Busse** zu den Orten am Gardasee.

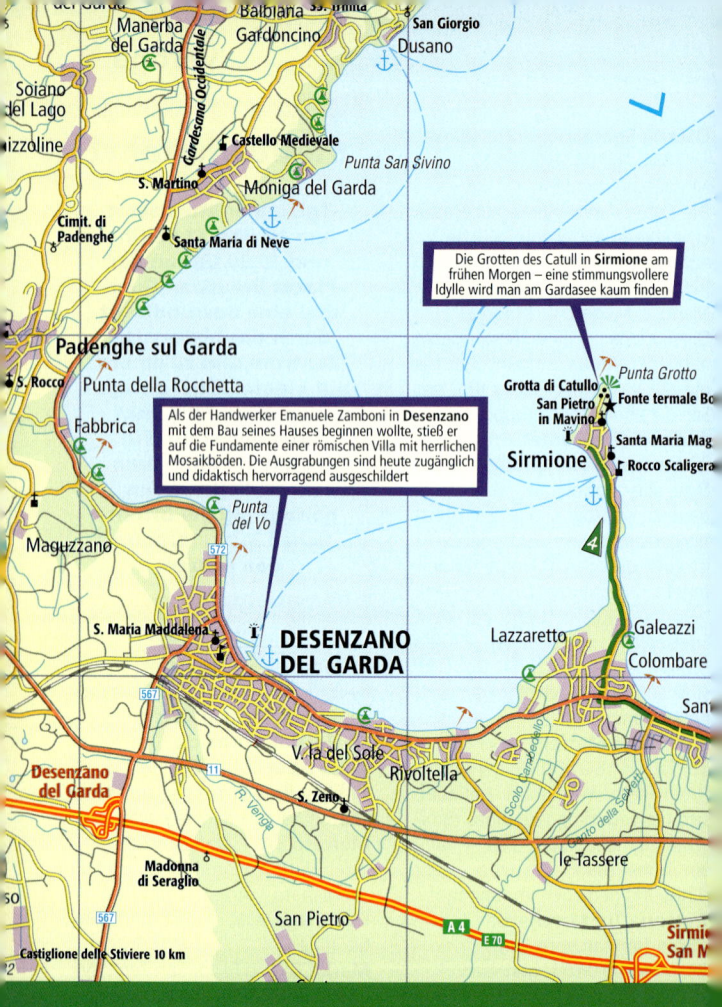

> Die Grotten des Catull in **Sirmione** am frühen Morgen – eine stimmungsvollere Idylle wird man am Gardasee kaum finden

> Als der Handwerker Emanuele Zamboni in **Desenzano** mit dem Bau seines Hauses beginnen wollte, stieß er auf die Fundamente einer römischen Villa mit herrlichen Mosaikböden. Die Ausgrabungen sind heute zugänglich und didaktisch hervorragend ausgeschildert

EXTRA-

Fünf Extras rund um den Gardasee

1. Auf den Spuren der Dichter am Westufer – Tórbole, Limone, Gargnano und Gardone.
2. Von Gipfel zu Gipfel – Wanderung auf dem Monte Baldo. Vom Hausberg des Gardasees schweift der Blick über die Alpen.

Im Weinmuseum von **Bardolino** erfährt man, wer die ersten Reben an den Gardasee brachte und wie der Wein heute gekeltert wird

Touren

3. Zu Burgen und Schlössern am nördlichen Seeufer. Die Skaliger bauten bewehrte Festungen und romantische Wasserschlösser.
4. Olivenöl und Wein – Eine Kulturgeschichte. Die Römer pflanzten in der Region die ersten Olivenbäume und Weinreben an.
5. Die Seen Ledro, Idro und Valvestino – Eine Rundreise.

Auf den Spuren der Dichter am Westufer

Der zeitgenössische deutsche Autor Bodo Kirchhoff erklärt »den Beginn der südlichen Weite« zu seinem bevorzugten Seeabschnitt. »Eine schmale, besonders am Westufer ausgeprägte Zone des Übergangs, die von jeher für den Geist ihre Anziehung hatte«, schreibt er in seinem Erzählband ›Katastrophen mit Seeblick‹. An dieser Stelle zeigt sich der See für Kirchhoff von einer Schönheit, die fast befremdet. »Allein der Wechsel vom frühen Vormittag zum späteren, von der ersten über den Monte Baldo-Kamm schießenden Sonne, die nichts als guttut, nur Licht und Wärme bringt. Zu solcher Stunde ist der See beängstigend schön; es hilft dann auch nichts, mit ihm vertraut zu sein.«

Auch viele andere Schriftsteller besangen den Gardasee. Auf ihren Spuren kann man das Westufer bereisen. Goethe verweilte im September 1786 auf seiner Italienreise in **Tórbole** (H 2, S. 66). »Heute Abend hätte ich können in Verona sein, aber es lag mir noch eine herrliche Naturwirkung an der Seite, der Gardasee, den wollte ich nicht versäumen, und bin herrlich für meinen Umweg belohnt.«

In **Limone** (F/G 3, S. 49) bestaunte Goethe die Zitronengärten, sie gäben »terrassenweise angelegt und mit Zitronenbäumen bepflanzt, ein reinliches Aussehen.« Der Gardasee liegt auf nur 65 Höhenmeter über dem Meeresspiegel; im außerordentlich milden Klima wachsen die nördlichsten Olivenbäume Italiens und im Winter, durch Glas vor der Kälte geschützt, die Zitronen. Überall sieht man die Reste der Zitronengewächshäuser, die Ende des 18. Jh. der Conte Carlo Bettoni-Cazzago zu konstruieren begann. Zitrusfrüchte hatten schon die Römer an den Gardasee gebracht, doch einen profitablen Anbau von Zitronen hatte es bis dahin wegen der Nachtfröste nicht gegeben. Tausende Gewächshäuser, die man *limonaie* nennt, entstanden Ende des 18. Jh. am Westufer.

In **Gargnano** (D 6, S. 44) wohnte 1912 der englische Autor D. H Lawrence zusammen mit seiner Geliebten Frieda von Richthofen. Er war über die Alpen nach Italien gewandert. In den Reisetage-

Extra-Tour

In Gargnano erschien der Gardasee D. H. Lawrence paradiesisch schön

büchern ›Twilight in Italy‹ beschreibt er die Tage am Gardasee. »Ich saß und schaute auf den See. Er war schön wie das Paradies, wie die erste Schöpfung. Der Gardasee war so lieblich unter dem sonnigen Himmel – man konnte das nicht ertragen.« Auch die Zitronen kommen darin vor: »Und die Maestra belehrt uns, dass Franz von Assisi die Zitrone eingeführt habe, als er an den Gardasee kam und eine Kirche und ein Kloster gründete. Gewiss, die Kirche des Heiligen Franziskus ist sehr alt, halb zerfallen, und das Kloster weist einige schöne, echte Skulpturen mit Laubwerk und Früchten an den Pfeilern auf, die den heiligen Franz mit der Zitrone in Verbindung zu bringen scheinen. Ich stelle mir gern vor, wie er hier umherpilgert, mit einer Zitrone in der Tasche. Vielleicht machte er im heißen Sommer einen Fruchtsaft.«

D. H. Lawrence würde sich wundern, sähe er das Kloster des Heiligen Franziskus in Gargnano heute: Nur von der Straße aus kann man in den kleinen, romanischen Kreuzgang blicken – im Kloster logiert eine Bank.

»Das Theater ist eine ehemalige Kirche«, schrieb Lawrence außerdem über Gargnano. »Seit der Taubstumme, das Kino, seinen Siegeszug antrat und unsere Nerven mit seiner Schnelligkeit, den Grimassen seiner Handlungen und diesem chaotischen Flug rasender Atome aufputschte, sind manche alte Kirchen Italiens zu neuem Leben erwacht.« In dieser ehemaligen Kirche ist heute noch ein Kino untergebracht.

Gabriele D'Annunzio (1863–1938), Dichter und Dandy, baute sich 1921 in **Gardone** (C 8, S. 42) den Vittoriale degli Italiani, einen Altersruhesitz, so schwülstig wie seine Werke. Im Park stehen der Bug des Schiffes Puglia, sein Auto und das Flugzeug, mit dem er im ersten Weltkrieg, am 9. August 1918, Flugblätter über Wien abwarf. Weiter oberhalb thront das monumentale Mausoleum, dort ruhen seit 1963 die Gebeine des Dichters. Auf der Freilichtbühne werden D'Annunzios Dramen noch aufgeführt. In der Villa selbst häufte der Exzentriker eine Kitschsammlung an, die ihresgleichen sucht.

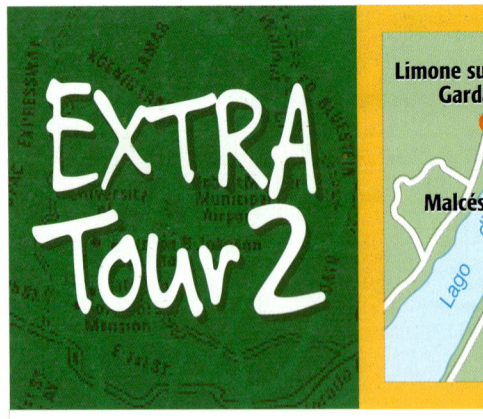

Von Gipfel zu Gipfel – Wanderung auf dem Monte Baldo

Malcésine (G 4, S. 51) lockt mit der Besichtigung der Burg und den Straßencafés im Hafen – wo Urlauber Schnäppchenjagd machen und Bootskapitäne noch aussehen wie italienische Matrosen auf Fotos der 1950er Jahre. Aus dieser Zeit stammt auch ihr Wortschatz: »Fräulein, *Limone*?« Malcésine hat aber auch eine Seilbahn, und die erspart dem Wanderer 2000 Höhenmeter. Also nichts wie hinauf auf den **Monte Baldo** (G 5)!

In der ersten Bahn morgens um 8 Uhr fahren noch kaum Touristen. Frisch ist es, an der Bergstation pfeift der Wind und legt das Gras flach an den Berg. Man könnt' sich grad dazulegen! Es ist zum Heulen schön. Die ganze Welt liegt einem zu Füßen, weiß gezuckerte Berge, 2000 m tiefer der blau glänzende See und rundum Panorama.

Um auf dem Kamm des Monte Baldo entlangzuwandern, geht man an der Bergstation der Seilbahn zunächst leicht bergab, in die **Bocca di Tratto Spino.** Der Weg ist nicht zu verfehlen, durchgängig markiert, rot-weiß-rot und mit der Nummer ›651‹. Bis zur **Cima delle Pozzette** führt ein leichter Spazierweg, ohne Klettereien und ohne schmale Passagen. 2 Std. später – jetzt gibt es unten an der Seilbahnstation lange Wartezeiten – sieht die Sicht ganz anders aus. Der See schickt diesigen Dunst herauf. Bis zur Cima delle Pozzette konnte man gerade noch alles erkennen: von Sirmione bis Riva, von Manerba bis Tórbole, von Toscolano bis Limone. Es zieht zu: Kleine, weiße Wolken formieren sich zu einer Front. Auch über der Brenta und über der Poebene sammelt sich das Wolkenheer zum Regenangriff.

Auf dem ersten Abschnitt rücken Familien an, in Turnschuhen und z. T. noch leichterem Schuhwerk, dabei sind feste Schuhe durchaus anzuraten! Schübe von Mountainbikern kommen herauf, die glücklicherweise andere Wege wählen. Allerdings sollte man beim Wandern auch mal einen Blick für die Botanik erübrigen. Da der Gipfelkamm des Monte Baldo in allen Eiszeiten aus dem Gletschermeer herauslugte,

Extra-Tour ❷

**Bei der Gipfelbrotzeit auf dem Monte Baldo:
vor lauter Staunen sollte man die Stärkung nicht vergessen**

konnten sich auf ihm Pflanzen erhalten, die es sonst nirgends gibt, so etwa die endemische *Anemone baldensis*.

Trotz all der Augenweiden, auch der Magen verlangt das seine. Auf zur Gipfelbrotzeit! Die Cima delle Pozzette (2132 m) ist ein schöner Aussichtsplatz, danach wird der Weg schwieriger, mit einfachen Kletterstellen und ausgesetzten Passagen. Wer sich das nicht zutraut, sollte auf keinen Fall zur **Cima Valdritta,** mit 2218 m der höchste Gipfel des Baldo-Kammes, weitergehen. Der Aufstieg dorthin ist viel begangen, an manchen Stellen muss man klettern, dort ist der Kalkstein abgespeckt, glänzt abgegriffen von den vielen Händen, die ihn berührten. Auf der Cima werden die Tüten ausgepackt. Das macht Wandern in Italien so wunderbar! *Focaccia*, getrocknete Tomaten, roher Schinken und Bergkäse.

Zur Cima Valdritta wie auch zum **Rifugio Telegrafo** (G 6) bahnte sich einst das Militär den Weg. Teilweise wurden die Streckenabschnitte in der Zeit des Ersten Weltkriegs aus dem Fels herausgesprengt. Von damals stammen auch zwei künstliche Höhlen unterhalb des Valdritta-Gipfels.

Der bequemste Abstieg geht über denselben Weg zurück und mit der Seilbahn wieder hinunter. Man kann aber auch hinter der Cima Valdritta die steile Route zum **Doss Castion** wagen, von dort weiter zur Mittelstation oder nach Malcésine. Eine andere Möglichkeit bietet der Militärweg: von der Cima Valdritta zum Punto Telegrafo, von dort steil hinab nach **Sommavilla** (F 5). Oder man wandert über das **Rifugio Novezzina** (G 6) ins **Etschtal** hinunter, wobei dann der Rückweg an den Gardasee umständlich wird.

Wer länger bleiben will, kann auf dem Monte Baldo auch einkehren und übernachten: Die beiden Hütten **Baita dei Forti** (H 4, Tel. 04 57 40 03 19) und Rifugio Telegrafo (Rifugio G. Barana, Tel. 04 57 73 17 97) haben von Mitte Juni bis Ende August geöffnet, die Restaurants bei Seilbahnbetrieb. Die Seilbahn fährt sommers wie winters, ist allerdings im November und nach Ostern jeweils zwei Wochen geschlossen.

EXTRA Tour 3

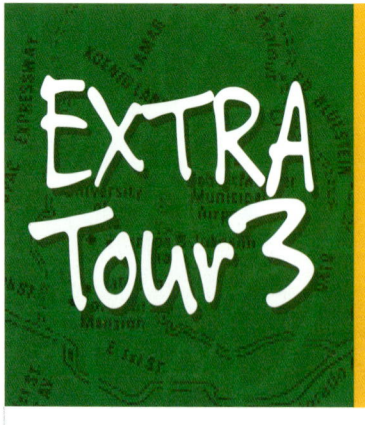

Zu Burgen und Schlössern am nördlichen Seeufer

Im 13. Jh. rissen die Skaliger die begehrte Macht über den Gardasee an sich. Das veronesische Herrschergeschlecht, das in seinem Wappen eine Leiter (ital. *scala*) führt und daraus seinen Namen ableitet, baute zahlreiche Burgen und Befestigungsanlagen rund um den See. Aber letzten Endes schützten die Wehranlagen nicht gegen den Feind im Innern: In einem Rausch von Gewalt und Familienmorden rotteten sich die Skaliger Ende des 14. Jh. nahezu selbst aus. Im Norden des Gardasees kann man einige der Skaligerbauten sowie Burgen aus anderen Jahrhunderten besichtigen.

Der Ort **Riva** (G 1, S. 57) am Nordufer war bis 1918 habsburgisch, im 18. Jh. unterhielten die Österreicher hier eine Kaserne. Die war standesgemäß untergebracht: in der Skaligerburg Rocca. Die Anlage, die einzige Wasserburg der Skaliger an diesem Uferabschnitt, ist nur über eine steinerne Brücke zu erreichen.

Etwa eine halbe Autostunde nördlich des Gardasees liegt im Sarcatal eine rechte Postkartenschönheit, das **Castel Toblino** (S. 29). Das zauberhafte Wasserschloss mit markanten Türmen war einmal die Sommerresidenz der Familie Madruzzo, heute ist darin ein stimmungsvolles Restaurant eingezogen, das fürstliche – oder ritterliche – Banketts anbietet (Tel. 04 61 86 40 36).

Das Gebirgsdorf **Arco** (H 1, S. 28) im unteren Sarcatal war früher einmal ein nobler Winterkurort. Als ältestes architektonisches Zeugnis überragt die markante Burg die ziegelgedeckten Häuser. Schon den Römern diente der Felsen zur Verteidigung; um 500 entstand der alte hohe Turm, vermutlich von den Goten erbaut. Der zweite, tieferliegende Donjon datiert um das Jahr 1200. 1495 malte Albrecht Dürer die Burg bei seiner Italienreise. 1703 schleifte der französische General Herzog Vendôme die Festung. Der Aufstieg zum *castello* beginnt gegenüber der Kirche, ein Schild weist den Weg. 1997 wurden die Renovierungsarbeiten nach mehreren Jahren abgeschlossen.

In **Tórbole** (H 2, S. 66) kann man von der Piazza Vittorio Veneto nach Nago hinaufwandern. Un-

Extra-Tour ❸

Über den Dächern von Arco kann man den Blick schweifen lassen

terwegs trifft man auf den **Belvedere,** die Reste einer Burg, heute ein schöner Aussichtsplatz. Hier wurden Keramiken, Münzen und eine Armbrustspitze aus Eisen aus dem 13. Jh. gefunden. Der Anblick der massiven Festungsanlage, die die Habsburger 1860 erbauten, begleitet den Aufstieg.

In **Nago** (H 1/2, S. 66) folgt man dem beschilderten Weg zu den Ruinen von Castel Penede. Die ehemals römische Burg wird 1210 erstmals in Dokumenten erwähnt. Im gleichen Takt wie die Machtverhältnisse am oberen Gardasee wechselten auch die Besitzer der Anlage: Zuerst besaßen sie die Grafen von Arco, dann die Venezianer, schließlich 1509 Kaiser Maximilian. 1703 fiel sie den Verwüstungen durch die Armee von General Vendôme zum Opfer. 1914 wurde das Areal Artilleriestützpunkt der Österreicher. Die Ruine ist heute baufällig, man kommt nicht ganz an das alte Gemäuer heran. Der Spaziergang dorthin lohnt sich aber dennoch, wegen der herrlichen Aussicht auf den Gardasee.

568 kamen die Langobarden mit König Alboin nach **Malcésine** (G 4, S. 51) in der nordöstlichen Ecke des Gardasees und errichteten hier vermutlich die erste Burg. Die Skaliger erweiterten das Kastell, dessen zinnenbekrönte Umgänge immer wieder den Blick auf den See freigeben. Auf ausgeschilderten Gassen spaziert man von der Altstadt auf den Burgfelsen hinauf. Drei ummauerte Höfe liegen übereinander. Das Museum im Palazzo Inferiore von 1620 im untersten Hof informiert über Flora, Fauna und Geologie des Monte Baldo. Im Goethe-Raum sind Kopien der Zeichnungen zu sehen, die der reisende Poet am Gardasee anfertigte. Beim Zeichnen hatte Goethe »ein gefährliches Abenteuer«, das er, wie er schrieb, mit Humor gut überstand und in der Erinnerung lustig fand. Goethe saß mit seinem Zeichenblock im Schlosshof, als die Zuschauermenge wuchs und man ihn schließlich fast verhaften wollte: Die Italiener hielten ihn für einen Spion der Habsburger, der die venezianischen Festungsanlagen ausforschte. Erst als er erklärte, Deutscher aus Frankfurt am Main zu sein, wendete sich die Sache zu seinem Vorteil.

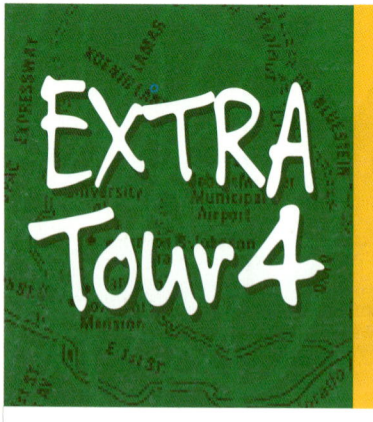

Olivenöl und Wein – Eine Kulturgeschichte

Das südliche Ostufer des Gardasees wird *Riviera degli Olive* genannt. Auch wenn das ein Name ist, den sich die Fremdenverkehrsämter ausgedacht haben, passt er ganz ausgezeichnet. ›Silberküste‹ könnte das Ufer hier auch heißen: Wenn der Wind durch die uralten Olivenbäume fährt, klimpern die silbrigen Blätter im gleißenden Sonnenlicht. Für den Laien sehen die Olivenbäume alle gleich aus: ein knorriger Stamm, eine nicht besonders große Krone, silbern schimmernde Blätter. Der Kenner unterscheidet aber im Gardaseegebiet etwa 200 verschiedene Sorten. Die beliebtesten sind die frostresistenten: *leccino* und *casolino*. Gerade auf der Veroneser Seite des Gardasees hat der Olivenanbau wieder zugenommen; insgesamt wachsen hier mehr als 400 000 Olivenbäume.

Bis zu den Ausläufern des Monte Baldo bei **Brenzone** (F 5/6, S. 33) trifft man auf Spuren der uralten Kulturlandschaft, in der schon die Römer die ersten Olivenbäumchen pflanzten. 1623 ordnete die Republik Venetien die Intensivierung des Olivenanbaus an, Wälder wurden gerodet und Terrassen angelegt. Bis heute zieht sich am Monte Baldo das terrassierte Gelände die steilen Hänge hinauf.

Bei Spaziergängen durch die vielen Dörfer des Gemeindegebiets fällt ins Auge, dass sich die Olivenwirtschaft im Lauf der Jahrhunderte nur wenig verändert hat. In **Castello** etwa kann man durch die alten Gassen schlendern und in den tunnelartigen Durchgängen zwischen den Häusern 8 m lange, schmale Leitern sehen. Alljährlich bei der Olivenernte im späten Oktober und Anfang November werden die Stangen mit den beidseitigen Sprossen in die Baumkronen gelehnt, der Pflücker kämmt die Oliven mit einem grobzinkigen Kamm heraus und lässt sie auf den Boden fallen. Dort liegen große Netze, aus denen die Oliven aufgesammelt werden.

Im Vergleich zur Olivenernte wird das Öl mittlerweile mit hochmodernen Geräten gewonnen. Wie früher Olivenöl gepresst wurde, zeigt das Ölmuseum von **Cisano** (E 10, S. 31). Ausgestellt sind alte Hebelpressen, Mahlsteine, eine Schraubenpresse, Werk-

Extra-Tour 4

Bei Bardolino: Weinberge so weit das Auge reicht

zeuge und Gebrauchsgegenstände, aber auch Schautafeln zur heutigen Technologie der Ölgewinnung. Mit den neuen Zentrifugen werden die gepressten Oliven extrem schnell geschleudert, ein besonders schonendes Verfahren. Die Rekonstruktion einer funktionsfähigen Ölmühle des 18. Jh. bei der ein Wasserrad eine Kette von Getriebezahnrädern in Gang setzte, komplettiert die Sammlung. Den informativen, kurzen Videofilm sollte man nicht verpassen. Das Ölmuseum ist gleichzeitig eine Verkaufsstelle für Öl und Ölprodukte.

Der größte Teil des Olivenöls am Gardasee trägt die Bezeichnung ›extravergine‹, d. h. es ist kaltgepresst. Kaltgepresstes Olivenöl hat einen sehr hohen Qualitätsstandard, sein Säuregehalt liegt unter %. Es gilt als das am besten verdauliche Fett und soll den Cholesterinspiegel im Blut senken.

So wichtig – und bekömmlich – für ein italienisches Essen wie das Olivenöl ist auch der Wein, für den der Gardasee ebenfalls berühmt ist, schließlich gibt es ja sogar eine Sorte, die *bardolino* heißt. Der *bardolino classico* ist ein leichter Rotwein, der *bardolino chiaretto* wird teilweise als Weißwein gekeltert. Der weiße *custoza* wächst in den Weinbergen südlich von Garda. Schon die Skaliger kannten im 13. Jh. einen besonders süffigen Weißwein, sie tauften ihn *soave*, ›sanft‹ und pflanzten seine Reben in der Gegend um Verona an. Für Weininteressierte lohnt in **Bardolino** (E 10, S. 30) ein Besuch des Weinmuseums. Alte Weinpressen und Abfüllanlagen demonstrieren die Weinherstellung. Hinter Bardolino beginnt außerdem die gut ausgeschilderte *Strada del Vino,* die allerdings fast einen zusätzlichen Tourentag benötigt.

Von Bardolino ist der äußerste Süden des Sees nicht mehr weit. Dort wächst der *lugana,* ein dunkelgelber Weißwein, der seinen Namen von einer Region am Gardasee ableitet: Die Lugana zieht sich am Südufer von der Halbinsel Sirmione bis nach Pozzolengo. Den leckeren Wein kann man in **Sirmione** (C 11, S. 64) in der Kellerei des Consorzio Tutela Lugana DOC (Via Verona 198, Tel. 030 91 61 71) kosten.

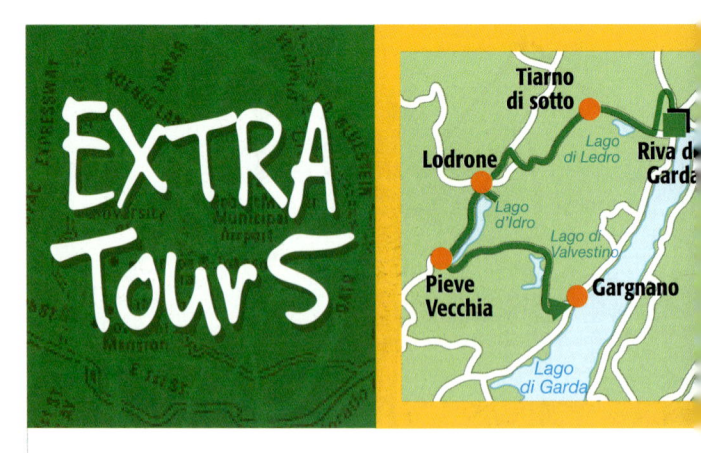

Die Seen Ledro, Idro, Valvestino – Eine Rundreise

Obwohl der Gardasee von Bergen umrahmt ist, wirkt er nicht wie ein Gebirgssee – italienisches Lebensgefühl bestimmt sein Ambiente. Ganz anders verhält sich das bei den drei Seen Ledro, Idro und Valvestino, die man in einer Halbtagestour mit dem Auto erkunden kann.

Den **Ledrosee** (F 1) erreicht man nach einer Fahrt durch einen langen Tunnel oberhalb von Riva. Die alte Straße am Ponale-Bach entlang ist für Autos gesperrt – aber für eine Fahrradtour offen. Der Bergsee hat eine wunderschöne tiefgrüne Farbe. Für die ersten Siedler dürfte das eine untergeordnete Rolle gespielt haben: Pfahlbautenreste in Molina di Ledro beweisen, dass hier vor 4000 Jahren, in der Bronzezeit, viele Menschen lebten. 1929 stieß man bei einer Absenkung des Seespiegels auf die Pfähle, Ausgrabungen brachten Stein- und Keramikfunde zutage. Das torfige Ufer konservierte Essensreste, Körner verschiedener Getreidesorten und Brot, alles zu besichtigen im Museum, außerdem der Nachbau eines Pfahlhauses. (Museo delle Palafitte: 11. Sept.–30. Nov., 1. Jan.–15. Juni Di–So 9–13, 14–17 Uhr, 16. Juni–10. Sept. 10–13, 14–18 Uhr, 1.–31. Dez. Sa/So 9–13, 14–17 Uhr). Am anderen Ende des Sees liegt ein hübscher Strand mit Tretbooten, hier steht das Hotel Lido mit schönem Garten direkt am See (Pieve di Lido, Tel. 04 64 59 10 37, Fax 04 64 59 16 60, günstig).

Die landschaftlich reizvolle, kurvenreiche Gebirgsstraße windet sich durch die Valle d'Ampola zum **Idrosee** (B 3–5) hinauf. Sowohl die Landschaft, als auch die Dörfer haben hier mit der mediterranen Leichtigkeit des Südens nicht mehr viel gemein. Der See liegt fjordähnlich im Tal, die umliegenden Hänge sind von dunklen Wäldern bedeckt. Es herrscht eine ruhige ernste Atmosphäre. Das Gebiet gehört zur Giudicarie, in der die Familie Lodron seit dem Mittelalter herrschte. Um 1065 traten die Grafen Lodron auf die Bühne der Geschichte, bauten eine Burg über dem Idrosee und eine zweite über dem Flüsschen Chiese. Die Jahrhunderte vergingen nicht ohne Kämpfe, vor allem die Adligen von

Extra-Tour

Am Ledrosee lässt man im Pfahlbautenmuseum die Bronzezeit wieder lebendig werden

Arco stritten um die Vorherrschaft in der Region. Zwischen dem 11. und dem 13. Jh. wurden die Burgen zu großen Verteidigungsanlagen ausgebaut. Eine solche Trutz erhebt sich in San Giovanni di Bodone einsam über den Idrosee, uneinnehmbar mit herkömmlichen Waffen und Taktiken. Auch das Castel Santa Barbara war eine solche Festung: Heute ragen die bleichen Ruinen wie Stummel aus dem Fels. Erst ab etwa 1600 wurde die Burg nach dem Flüsschen Santa Barbara benannt, das bei Darzo in den Chiese mündet. Zuvor hieß es Castello di Lodron, war mehr Festung als Wohnstatt.

Mitte des 16. Jh. setzten die Lodron ein Ausrufezeichen ihrer Macht an das Ufer des Idrosees: der Palazzo Lodron del Caffaro. Der Palast war eines anderen Zeitgeistes Kind: In der Renaissance wollten die Herren nicht mehr nur herrschen, sondern prassen, leben, genießen. Man verstand sich als Mittelpunkt der Welt – und dort wollte man auch wohnen. Die Adigen zogen aus ihren Burgen in die Ortschaften. Ein weiteres Beispiel dafür ist der Palazzo Bavaria in Lodrone, der heute ganz eingewachsen zwischen Gärten und Obstbäumen steht.

Der Idrosee wird vom Flüsschen Chiese durchlaufen, das ständig für frisches Wasser sorgt – der See gilt als eines der saubersten Gewässer Italiens. Die Giudicarie bieten eine angemessene Auswahl an Hotels und Ferienwohnungen, aber so überlaufen wie am Gardasee ist es hier auch im Hochsommer nie.

Am letzten Tourenabschnitt wartet ein weiterer, wiederum ganz anders gearteter See auf die Ausflügler: Der **Lago di Valvestino** (C 5) ist ein Talsperre. Hier wird der Toscolano-Bach aufgestaut, was einen See von bizarrer Schönheit schafft. Schmal, vielverzweigt und dunkelgrün liegt er weit unten im Tal. Man sollte an einer Ausweichstelle anhalten, um den Blick ausgiebig zu genießen. Kurvenreich bleibt die Straße bis zu den oberen Ortsteilen von Gargnano. Hier öffnet sich der Blick dann wieder auf den Gardasee, groß wie ein Binnenmeer im Vergleich zu den kleinen Bergseen in seiner Nachbarschaft.

Impressum/Fotonachweis

Titel: Am Gardaseeufer
Vignette S. 1: Junge in Sirmione
S. 2/3: Salò
S. 4/5: Strand in Tórbole
S. 26/27: Sirmione

Fotonachweis
Anzenberger Bildagentur, Wien   Titelbild
Heiko Specht und Bernd Arnold/laif, Köln   S. 2, 8, 8/9, 10, 13, 14, 26/27, 45, 61, 62, 65, 85
Barbara Schaefer, Berlin   S. 1, 4, 7, 9, 12, 16, 18, 19, 31, 34, 37, 40, 43, 48, 50/51, 51, 52, 68/69, 71, 72, 76, 77, 79, 87, 89, 91, 93

Quellennachweis
S. 84 aus: Bodo Kirchhoff, Katastrophen mit Seeblick, Suhrkamp Verlag, Frankfurt a. M. 1998, S. 85 aus: D. H. Lawrence, Italienische Dämmerung, Diogenes Verlag, Zürich, 2. Aufl. 1995 und Johann Wolfgang Goethe, Italienische Reise, C. H. Beck Verlag, 6. Aufl. 1998

Kartographie: Berndtson & Berndtson Productions GmbH, Fürstenfeldbruck, © DuMont Buchverlag

Alle in diesem Buch enthaltenen Angaben wurden von der Autorin nach bestem Wissen erstellt und von ihr und dem Verlag mit größtmöglicher Sorgfalt überprüft. Gleichwohl sind inhaltliche Fehler nicht vollständig auszuschließen. Ihre Korrekturhinweise und Anregungen greifen wir gerne auf. Unsere Adresse: DuMont Buchverlag, Postfach 101045, 50450 Köln, E-mail: reise@dumontverlag.de

Die Deutsche Bibliothek – CIP-Einheitsaufnahme

Schaefer, Barbara:
Gardasee / Barbara Schaefer. - Ausgabe 2001
- Köln: DuMont, 2001
(DuMont Extra)
ISBN 3–7701-5473–8

Grafisches Konzept: Groschwitz, Hamburg
© 2001 DuMont Buchverlag, Köln
Alle Rechte vorbehalten
Druck: Rasch, Bramsche
Buchbinderische Verarbeitung: Bramscher Buchbinder Betriebe

ISBN 3-7701-5473–8

Register

Agriturismo 25
Albaré 32
Anreise 23
Arco (H 1) 9, **28ff., 88**
Assenza (F 5) 33, 34
Ausflüge 78ff.
Auskunft 22
Autofahren 12, 24

Baden 18
Bardolino (E 9/10) 5, 6, 8, 14, 15, **30ff., 91**
Behinderte 25
Biasa 33
Boccino (F 6) 33, 34
Bogliaco (D 6) 15, 44
Boottaxis 24
Borago Pozzo 33
Borghetto di Valeggio sul Mincio (außerhalb) **55f.**
Brentino (H 7) 40
Brenzone (F 5) **33ff., 90**
Briefmarken 12
Busse 24

Calmasino (F 10) 32
Camping 25
Campione (F 5) 75, 76
Campo 33
Canale di Tenno (G 1) **59**
Caprino (F 8) 39
Cassone (E 6) 34, 52
Castel Santa Barbara (B 3) 93
Castel Toblino (außerhalb) **29, 88**
Castelletto di Brenzone (F 6) 15, 33, 34
Castello (F 5) 33, 34, **90**
Castelnuovo (F 12) 32
Cavalcaselle (E 12) 32
Cisano (E 10) 30, 31, **90**
Costabella 33
Costermano (E 9) 39
Crero (E 7) 71

Darzo (B 2/3) 93
Desenzano (B/C 11/12) 9, **35ff.**
Diplomatische Vertretungen vordere Umschlaginnenseite
Doss Castion (G 5) 87

Einreise 23
Eremitage der Camaldolenser (E 9) 39
Eremitage San Valentino (D 6) 45
Eremo San Benigno e Caro (G 5) 53
Essen 12, **16f.**

Fasano (C 8) 13
Fasor 33
Feste und Unterhaltung 14f.
Free-Climbing 30

Garda (E 9) 8, **38ff.**
Gardone (B 8) 7, 8, 13, 14, **42f., 85**
Gargnano (D 6) 4, 8, **44ff., 84**
Geld vordere Umschlaginnenseite
Geschichte 10f.
Giudicarie 92, 93

Hotelkategorien vordere Umschlaginnenseite
Hotels 25

Idrosee (A/B 3–A5) **92**

Karten 23
Kleidung 12f.
Klettern 18f.
Klima 22

Lago di Idro s. Idrosee
Lago di Ledro s. Ledrosee
Lago di Valvestino (C 5/6) 93
Lazise (E 11) 32, **46ff.**
Ledrosee (E/F 1/2) **92**
Leihwagen 24
Limone (F/G 3) 14, 15, 22, **49ff., 84**
Linienschiffe 24
Lonato (A 12) **36**

Maderno (s. Toscolano-Maderno)
Madonna del Carmine (B 9) 63
Madonna del Frassino (außerhalb) 55

95

Register

Magugnano (F 6) 33
Malcésine (G 4) 14, 19, **51ff., 86, 89**
Manerba (B 9) 14, **36**
Marmitte dei Giganti (H 2) 67
Marniga (G 6) 33, 34
Molina di Ledro (F 2) 92
Moniga (B 10) 36
Monte Baldo (G 5) 5, 7, 9,18, 19, 23, 34, 52, **86f., 89**
Monte Brione (H 1) 67f.

Nago (H 1/2) 9, 67, **89**
Notfall vordere Umschlaginnenseite, 25

Öffnungszeiten vordere Umschlaginnenseite

Pacengo (E12) 32, 55
Pastrengo 32
Peschiera (D/E 12) 8, **55ff.**, 78
Pieve (F 4) **75f.**
Porto di Brenzone (F 5) 33, 34
Porto Portese (B 8) 61
Porto di San Felice (B 9) 36
Prada (F 7) 33
Programminfo 13
Punta San Vigilio (D 9) 18, 39

Radfahren 18f.
Reisezeit 22
Riva del Garda (G 1) 7, 9, 11, 14, 15,19, 22, **57ff.**, 67, **88**
Rollstuhlfahrer 25

Saisontourismus 13
Salò (B 8) 8, **61f.**
San Felice del Benaco (B 9) **63**
San Giovanni di Bodone (B 3) 93
San Michele (C 7) 43
San Zeno di Montagna (E 8) 70
Santuario di Montecastello (E 5) **76**
Santuario Madonna del Rio (B 8) **63**

Santuario Madonna della Corona (G 7) **39**
Sarcatal (H 1) 8, 19, 88
Sasso (D 6) 45
Sicherheit 32
Sirmione (C 11) 6, 22, **64ff., 91**
Solferino (außerhalb) 7, **36**
Sommavilla (F 5) 33, 34, 87
Spiazzi (G 7) 39, 40
Sport und Freizeit 18f.
Sprachführer 20f.
Strände 18

Tauchen 18
Telefonieren vordere Umschlaginnenseite
Tenno (G 1) 59
Tignale (E 5) 7, 76f.
Tórbole (H 2) 7, 9, 11, 18, 22, **66ff., 84, 88**
Torri del Benaco (D/E 2) 8, **70ff.**
Toscolano-Maderno (C 7, auch Maderno) 5, 6, **72ff.**
Tremósine (E/F 4) 7, **75ff.**
Trinken 16f.
Trinkgeld 13

Unterkünfte 24f.
Unterwegs am Gardasee 24f.

Val di Sogno (F 5) 53
Valle d'Ampola (C/D 2) 92
Varone-Schlucht (G 1) 59
Varone-Wasserfall (G 1) 59
Venedig (außerhalb) 11, 36, 46, 55
Venzo 33
Verona (s. Umgebungskarte und Stadtplan auf der Rückseite) 10, 11, 15, 64, **78ff.**
Villa (D 6) 44

Wandern 18f.
Wassersport 19

Zeichenerklärung 29